社会とともに生きる

賃　貸

Rental housing in Harmony w...

200

の
図表でみる住まいと暮らし

一般財団法人HIM研究所
松 本　眞 理

ぎょうせい

はじめに

　なぜ、この本を創ろうと思ったのは、賃貸住宅のオーナー様に真実を見て、感じて、将来の計画、今からの計画を自分で考えていただきたいからである。

　賃貸住宅の経営で大事なことは、入居者に選択され、満室経営が続くことである。本当にただそれだけであろうか。30年近く、賃貸マンションへの融資をする仕事を通して思ったことは、相続税対策だけでなく、地域に貢献する、地域に役立つことをしたいという希望を持つオーナー様が多いことである。

　賃貸住宅にはとても可能性があると思う。この20年間を振り返ると、「衣・食・住」において、 着るものや食べ物は、値段が下がり、質も著しく向上している。ファストファッションのお店でスーツを購入できるし、コンビニで無添加のお弁当が並んでいる。一方、賃貸住宅は、建物の構造の変化はあったが、住宅情報がインターネットで入手できる程度で最も変化が遅いといえる。まだまだ、賃貸住宅には「可能性」があるのである。

　例えば、人の生き方や状態に寄り添う賃貸住宅ができたら、どんなによいだろうか。シングルマザーやファーザーのための保育サービスのある賃貸、車椅子でも生活できる賃貸、趣味が同じ人が集う賃貸、孤独が生まれないような賃貸住宅など、思いを巡らせるだけで、多数あげられる。

　特に、新型コロナウイルスの影響で生活が急変したように、人生は何が起きるかわからない。その受け皿としての住まいが必要ではないか。

　20年前から、じつはさまざまな変化が起きている。

1

この本は、誰でも手に入れることができるオープンデータからそのさまざまな変化を読み解いている。ぜひ、目で見て、感じて、考えていただきたい。もちろん、自分で調べることもできる。

第1章「経済的視点からみた日本の住宅市場」では、日本のGDPはこの20年でほとんど増えておらず、生産性（1人当たりの国内総生産）は3位から26位に落ち、20年前から物価はほとんど上がっていない。景気動向指数や日銀短観などで景気の動きを簡単にみる方法を紹介した。専門用語が苦手な方でも、ご理解いただければ幸いである。

第2章「データでみる賃貸住宅入居者のタイプ」では、人口は2015年から2065年にかけて1億2709万人から8800万人まで減少し、65歳以上は26.6%から38.4%まで世界最速で増加する。未婚率は男女ともにどの年代も増加、単身世帯の割合が4割になり、世帯数は2030年から減少する。加えて独居率は男性の中高年が激増する。サラリーマンの給与水準は20年前を超えていない。非正規雇用は全体の4割、若年層も4人に1人が非正規雇用。相対的貧困率は15.4%、子供の貧困率は13.5%、子供がいる現役世帯で大人1人の貧困率48.1%。6人に1人は貧困である。これらの入居者のリアルな姿をデータで確認していただきたい。

第3章「「これからの賃貸住宅」とまちづくりのために必要なこととは？」では、東京大学大学院工学系教授の大月敏雄先生とリノベーションで有名なブルースタジオの大島専務をお迎えし、住宅改良開発公社の生亀理事長とともに、戦後から高度成長期、そして混沌とした現在の世の中において、住宅はいかにあるべきか、「これ

からの賃貸住宅」のあり方について、語っていただいた。「住宅を借りて自分の身の丈にあった環境に作り変えていく」賃貸住宅マーケットが生まれそうである。「新しいヒント」が見つけられる対談となった。

　第4章「住まう人の気持ち」では、賃貸住宅派はゆるやかに増加し、賃貸・分譲・中古マンションの選択ポイント、結婚事情の変化、賃貸住宅から持家に住み替える目的は子育てのしやすさと性能の向上を求めていること、賃貸住宅の世帯だと約4割が賃貸住宅への住み替えを希望していること、65歳以上単身世帯男性の4人に1人は会話が週に1回以下など、住む人の視点で賃貸住宅を捉えてみた。

　第5章「賃貸住宅のストックとハード」では、東京都の民間賃貸の半数が29㎡以下であり、平均的な持家の4割程度である。40歳未満の単身世帯は9割以上が賃貸居住である。賃貸住宅の着工は31㎡以下が多く、61㎡以上の供給が極端に少ないなど、ストックとフローからみた賃貸住宅の実像がわかってくる。住宅の企画時に役立つデータが満載である。

　第6章「これからの住まいづくりのコツ」では、第5章までのデータを踏まえて、賃貸住宅を計画するときに立ち止まって考えてほしいことを提案している。「見えない質」を極め、「社長」(賃貸住宅オーナー)として情報収集し、賃貸住宅の「社会的役割」を思い、これからの50年いや100年を想定して起きることを想像する。そして、賃貸住宅事業を運営するには、自分で考え、納得して実行していただきたい。

この本の最終的な目的は、賃貸住宅に住んで、楽しい、幸せだ！と思う人が1人でも増えることである。とにかく、住む人の目線で居住性を考えて、賃貸住宅を供給してほしい。

　これから、人口が減少し、経済力が弱くなると予想される。限られた資源、時間を繁栄できる賃貸住宅マーケットにつなげていきたい。

　賃貸住宅オーナーが変わることで、いろいろなことができるかもしれない。ぜひ、1人でも社会に貢献できるような、入居者が喜ぶような賃貸住宅の運営を実行してほしい。

　この本は「不動産投資の本」ではない。

　賃貸住宅の経営を始める前に読んでいただきたい。少しでも考える、調べるきっかけになれば嬉しい限りである。

　どうしたら、賃貸住宅に住まう人が少しでも「幸せ」になれるのか。私の永遠のテーマである。

　ずっと、賃貸住宅マーケットが繁栄し、社会とともに生き残れる賃貸住宅が1戸でも誕生することを応援できれば幸いである。

　なお、本書の内容は、著者が信頼できる情報源から情報を入手し見解をまとめ解説したものである。異なる考え方もあろうかと思うが、一見解として受け止めていただければありがたい。また、本書の内容が特定のサービスを推奨するものではないことを付記しておく。

2020年12月

一般財団法人　HIM研究所

松本　眞理

<目　次>

<目　次>

はじめに

第1章　経済的視点からみた日本の住宅市場──1

第2章　データでみる賃貸住宅入居者のタイプ—33

第3章　「これからの賃貸住宅」とまちづくりの ために必要なこととは？＜座談会＞─91

東京大学大学院工学系研究科建築学専攻 教授　大月敏雄

株式会社ブルースタジオ 専務取締役　大島芳彦

一般財団法人 住宅改良開発公社 理事長　生亀孝志（ファシリテーター）

「職住近接」の町を構想する

共同住宅の「コミュニティ単位」をマネジメントせよ

戸建住宅オーナーと共同住宅オーナーの連携で地域循環を起こす住み替え
　の促進

地域をコーディネートする役割を誰が担うのか

山の中から市街地まで、「空間マネジメント屋さん」が出てきてほしい

社会を変える源になれるのは、生活の環境を本質的にマネジメントできる
　オーナー「あなた」である

＜図表目次＞

第 1 章
経済的視点からみた日本の住宅市場

1. GDP統計を読み解く

■ 製造業は全体の2割程度

■GDPはアベノミクスの目標600兆円を超えたか？

　2015年にアベノミクスの「新三本の矢」の1本目は「希望を生み出す強い経済」とし、2020年ごろまでに名目国内総生産（以下名目GDP）600兆円達成が掲げられていた。2015年当時、内閣府が発表した7～9月期の名目GDPが500兆7,000億円（のち、新基準に切り替わり確報値は532兆2,000億円）。名目成長率3％を5年間継続できると600兆円が達成できる計算となる。2018年度の名目GDP548兆4,000億円（**図1-1**）。また、2019年度の名目GDPは552兆4,000億円。まだ、600兆円への道のりは遠い。

図1-1　名目GDP

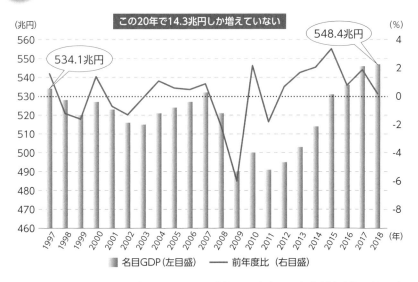

資料：2018年度　国民経済計算年度推計（内閣府）

　GDP（Gross Domestic Product）は、国内で一定期間内に生産されたモノやサービスの付加価値の合計である。国内のため、日本企業が海外支店等で生産したモノやサービスの付加価値は含まない。簡単に言えば、日本国内でどのくらい儲けたかのボリュームである。GDPには名目GDPと実質GDPの２種類がある。名目GDPは実際の実額だが、実質GDPは、名目GDPから物価の変動を調整したものである。

　内閣府が公表した2018年度国民経済計算確報（フロー編）は一国の経済活動を共通の国際基準（モノサシ）により包括的に記録し、経済の全体像を明らかにするマクロ統計である。2018年度の名目GDPは548兆4,000億円で、名目GDPの支出側からみた構成（**表1-1**）をみると、１番高いのが家計最終消費支出54%、２番が政府最終消費支出20%、３番が財貨・サービスの輸出18%である。名目GDPの約５割強を家計の支出が占めている。お給料が上がらないと名目GDPも拡大しない、賃金の上昇が、経済活動規模でいかに重要かがわかる。

表1-1　名目GDP構成比

(%)

国内需要			99.8
	民間需要		74.9
		民間最終消費支出	55.6
		家計最終支出	**54.2**
		民間住宅	3.0
		民間企業設備	16.1
		民間在庫変動	0.3
	公的需要		24.9
		政府最終消費支出	19.8
		公的固定資本形成	5.1
		公的在庫変動	0.0
財貨・サービス純輸出　0.2			
	財貨・サービスの輸出		18.3
	財貨・サービスの輸入		18.2

全体の54%が家計

資料：2018年度　国民経済計算年度推計（内閣府）

図1-2 経済活動別名目GDP構成比

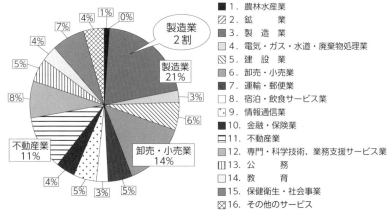

資料：2018年度　国民経済計算年度推計（内閣府）

　経済活動別に名目GDPの構成（**図1-2**）をみると、1番が製造業21%、2番が卸売・小売業14%、3番が不動産業11%。報道などでは製造業の動向がよく取り上げられるが、全体の2割程度なのが実態である。逆に不動産業が1割強もあり、重要な役割を担っている。

図1-3 GDPデフレーター

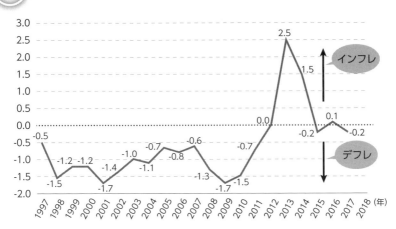

資料：2018年度　国民経済計算年度推計（内閣府）

　名目GDPを実質GDPに物価の変動の程度で評価し直すのが、
GDPデフレーター（**図1-3**）である。増加率がプラスであればインフ
レ（名目GDP＞実質GDP）、マイナスであればデフレ（名目GDP
＜実質GDP）となる。過去20年間は、ほとんどデフレであった。

　もし製造業の業態が、悪化しても他の８割が上昇すれば、全体は
拡大する。日本中の付加価値を集めた名目GDPが成長しない限り、
サラリーマンのお給料も上昇しない。つまり、家賃の値上げも難し
くなる。

2. 世界での日本経済規模力

■ 1人当たり国内総生産は26位

■この20年で、日本は豊かになったのか？

　世界の主要な国の国内総生産（名目GDP）の推移をみてみよう（**図1-4**）。GDPとは、Gross Domestic Productの頭文字を取り、1年間の国内で生み出された付加価値を合計したもので、国の経済活動を表す。名目GDPと実質GDPがあるが、物価変動を考慮した実質GDPよりも、そのままの数字を積み上げた名目GDPで比較する。

図1-4　国内総生産（名目GDP）の推移

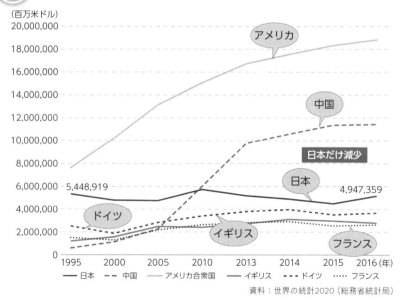

資料：世界の統計2020（総務省統計局）

　国内総生産の推移は、アメリカと中国が大きく増加している。1996年と2016年を比較すると、日本だけが減少している。

　また、世界の国内総生産の中での日本のシェアは、2004年の

11％から2016年に６％へと減少しており、世界での日本の地盤沈下は明らかとなっている。なお、日本の総人口は2008年に１億2,800万人をピークに減少している。

■生産性（１人当たりの国内総生産）も３位から、なんと26位に

　１人当たりの国内総生産の推移（**図1-5**）をみても、伸び悩んでいる様子がわかる。世界での順位も1996年に世界の３位であったが、2018年には、26位と大きく順位を落としている。主要国のうち日本だけ足踏みしているような感覚である（**図1-6**）。個人の収入が増えにくい国に変貌してしまった。

図1-5　１人当たりの国内総生産（名目GDP）と世界での順位

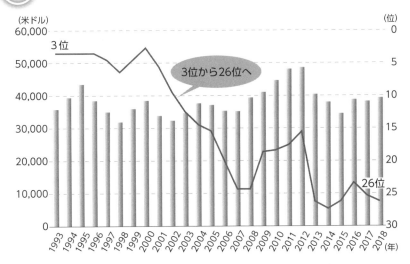

３位

３位から26位へ

26位

■１人当たり名目国内総生産（左目盛）　── 順位（右目盛）

資料：世界の統計2020（総務省統計局）

　しかし、一消費者の実感として、それほど生活感が変化していると思えないということに共感する方も多いのではないだろうか。

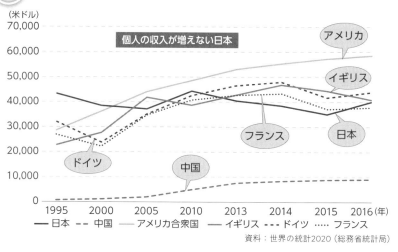

図1-6　主要国の1人当たりの国内総生産 (名目GDP)

（米ドル）

個人の収入が増えない日本

アメリカ

イギリス

フランス　日本

ドイツ　中国

資料：世界の統計2020（総務省統計局）

　20年前は、ジャケットを買うのも、値段が高くて躊躇した時期もあったが、最近では、すんなり購入できてしまう。つまり、ジャケットがお手頃価格になったのである。つまり、物価が上がらず、かつ種類が豊富になり、一定以上の品質となっており、日本にいると他の国も同様の状況かと思いがちである。が、このような状態は主要国では日本だけといえるのである。

■お買い得の国、日本

　物価も上がらず（図1-7）、給与所得水準もなかなか上がらない。経済成長がかなりゆっくり過ぎて、他の国と比較すると止まっているような状態に感じる。円の価値も1ドル＝80円台の時代から、110円台と変化している。輸出産業には好ましいが、1980年代からみると日本全体がバーゲンセールをしているように思える。居酒屋で、飲み放題コースが4,000円程度、34ユーロ、37ドル、29ポンドで楽しめることを外国人が知ったら、とても、驚き、喜ばれる

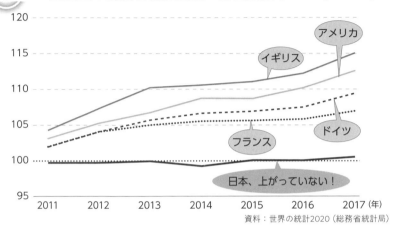

図1-7　主要国の消費者物価指数　総合指数（2010年＝100）

資料：世界の統計2020（総務省統計局）

だろう。

■ビッグマックで経済力を比較すると…

　イギリスの経済専門誌「エコノミスト」では、「ビッグマック指数」を毎年公表している。ハンバーガーのチェーン店マクドナルドのビックマックはほぼ全世界でほぼ同一のものが販売されている。そのため、異なる国でも、同じビッグマックであれば、同じ値段で買えるはずだという考えに基づいて提案された指標（**表1-2**）である。この指標によって、為替レートの動きがわかり、その国の購買力の目安にもなる。指数の算出方法は、世界中で販売されている各国のビッグマック価格をアメリカのビッグマック価格で割ることで算出できる。例えば、2020年3月時点の日本のビッグマックは390円。アメリカは5.67ドル。1ドル＝110円換算レートで計算すると、623円で販売されていてもよいはずだが、現実は390円なので、指数は－37.5％となる。つまり、実際は1ドル110円なのにマック指数では1ドル68円となり、「円」が過小評価されていることになる。

言い換えれば、日本の不動産価格は、海外から見ればお値打ち価格になっていると推測できる。

日本の経済規模は、この20年間ほとんど成長していない。また、世界の中でのポジションも下がり続けている。2020年の新型コロナウイルス感染症感染拡大の影響を受けて、世界経済全体が縮小すれば、不動産の価値にも影響が出るだろう。2008年に発生したリーマンショック後のように、不動産への融資姿勢が厳しくなる可能性もある。外部要因のため、どうすることもできない面はあるが、リスクを予測するためにも情報収集を心掛けたい。

表1-2　ビッグマック指数ランキング

	国	価格(円)	アメリカ価格比較(%)
1位	スイス	793	18.4
2位	ノルウェー	657	5.3
基準	アメリカ	624	0
3位	スウェーデン	599	-4.0
4位	カナダ	570	-8.6
5位	イスラエル	541	-13.3
6位	ブラジル	529	-15.3
7位	ウルグアイ	526	-15.7
8位	ユーロ圏	504	-19.2
9位	デンマーク	491	-21.3
10位	オーストラリア	490	-21.5
11位	イギリス	485	-22.2
12位	シンガポール	482	-22.8
13位	ニュージーランド	473	-24.3
14位	レバノン	472	-24.3
15位	コスタリカ	454	-27.3
16位	アラブ首長国連邦	442	-29.2
17位	韓国	428	-31.4
18位	タイ	418	-33.0
19位	チェコ	413	-33.8
20位	バーレーン	409	-34.5
21位	クウェート	399	-36.1
22位	コロンビア	398	-36.2
23位	ペルー	394	-36.9
24位	カタール	393	-37.0
25位	日本	390	-37.5
25位	ニクラグア	390	-37.5

日本は25位

＊2020年1月時点　1ドル＝110.04円

資料：エコノミスト　ホームページ

3. 物価の動きをみる

■ ほとんど上がらず

■日本の物価は本当に上がっていないのか？

物価の動きを2015年＝100とする消費者物価指数で確認してみる。この指数は家計でよく購入するものやサービスについて、588品目を基に作成されている。指数には、総合（CPI：Consumer Price Index、物価全体の動き）、生鮮食品を除く総合（コアCPI：値動きの激しい生鮮食品を除いたもので日銀が物価の目安に採用）、食料品（酒類を除く）及びエネルギーを除く総合（コアコアCPI：天候や相場によって値段の動きが大きい食料品やエネルギーを除いたもの）がある。世界的にはコアコアCPIが物価の目安として使われている。

この20年間をみると総合指数は（図1-8）リーマンショック後や

図1-8 全国消費者物価指数の推移（2015年＝100）

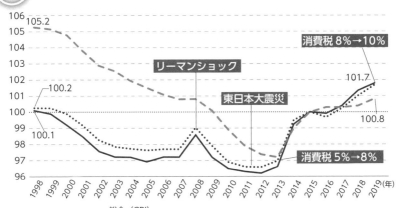

資料：2019年　消費者物価指数（総務省統計局）

11

東日本大震災後に下がり、その後は上昇傾向であるものの、100から101とほぼ横ばいとなっている。また、食料やエネルギーを除いた物価指数は、105から100へと下がっている。消費税は2014年に5％から8％、2019年10月に8％から10％に引き上げられても、20年前からみると物価はほとんど上がっていないのである。

■家賃上がらず建築費は上昇

　住宅に関連する項目（**図1-9**）を、東京都区部を例にして、家賃、設備修繕・維持費、電気、ガス、上下水道料金の動きをみる。ガス代や電気代は上昇傾向であるが、逆に家賃は減少傾向である。入居者にとってはポジティブな要素である。

　しかし、この20年で給与の動き（**表1-3**）をみると1998年の平均月間給与額36万6,000円、20年後の2019年は32万2,000円となっ

図1-9　東京都区部の消費者物価指数（住宅関連項目）

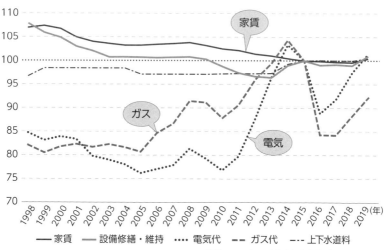

資料：2019年　消費者物価指数（総務省統計局）

表1-3　平均月間給与総額の推移

	現金給与総額		
	円	きまって支給する給与	特別に支払われる給与
1998年	366,481	287,853	78,628
2019年	322,612	264,216	58,396
1998→2019年の増減	▲43,869	▲23,637	▲20,232

約20年で
4万3,000円減

資料：毎月勤労統計調査　1998年・2019年（厚生労働省）

ており、なんと、毎月４万3,000円も減少している。このような傾向を示す国は他に見当たらない。給与が減少しているため、日本（東京都）における家賃の負担は決して軽くなってはいない。

　実は、この20年間で、人手不足や材料費の値上がりにより住宅の建築工事費（**図1-10**）は15％程度上昇している。

図1-10　住宅建築・建設工事費の推移（2011年＝100）

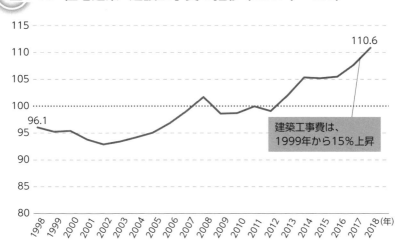

建築工事費は、
1999年から15％上昇

資料：2019年　消費者物価指数（総務省統計局）

図1-11 民営家賃の推移（2015年＝100）

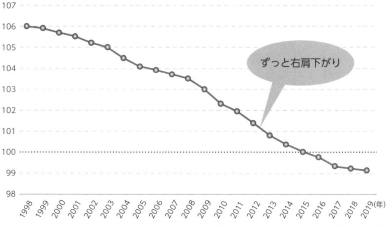

ずっと右肩下がり

資料：2019年　消費者物価指数（総務省統計局）

　賃貸住宅事業の初期投資である建設工事費は上昇しているが、家賃は上昇していない（図1-11）。しかし、賃貸住宅経営は常に「収入＞支出」とならなければいけない（図1-12）。

　このような環境でなぜ賃貸経営が成立したのか。支出の大部分を占める「毎月の返済額」が減少したからである。なぜならば、賃貸

図1-12 賃貸住宅経営における「収入」と「支出」の関係

著者作成

住宅の建設資金の融資の金利が下がり、お金も借りやすくなった状
況となったからである。

　日本では給与額が上昇していないという事実をふまえて、賃貸住
宅の長期的な事業収支計画を検討する必要がある。毎月黒字とする
ためには、他の賃貸住宅にはない魅力の付加が必要ではあるが、そ
のための初期投資をできるだけ抑えたい。一方、長期活用できるよ
うな躯体を備えた建物にもしたい。これから生き残る賃貸住宅は、
入居者に何か主張できるものを備えることが求められる。賃貸住宅
オーナー自ら、賃貸住宅のコンセプトを考え、提案する時代ではな
いか。

4. 消費者態度指数から見る消費者心理

■リーマンショックより落ち込んだ消費者心理

　内閣府が毎月発表している消費動向調査は、今後の暮らしの見通しや収入の増え方など消費者の意識を把握し、景気動向の判断材料とするものである。消費者態度指数とは、「暮らし向き」、「収入の増え方」、「雇用環境」、「耐久消費財の買い時判断」の4項目に関して今後の半年間の見通しについて5段階評価してもらい、良くなる（＋1）、やや良くなる（＋0.75）変わらない（＋0.5）、やや悪くなる（＋0.25）、悪くなる（0）の点数を与えて、この点数に各回答区分の構成比（％）を乗じ、その結果を合計したものである。つまり、経済が日々変化する中で、消費者心理の動きが総合的にわかる指標である。

　2020年4月の一般世帯（2人以上世帯）の消費者態度指数（**図1-13**）は、前月比9.3ポイントも低下し、21.6となった。これは、毎月調査となった2004年4月以降で最低水準である。新型コロナウイルス感染症拡大の影響を受けたものである。

　指数を構成する消費者意識の4指標（**図1-14**）である「暮らし向き」21.9、「収入の増え方」26.3、「雇用環境」15.0、「耐久消費財の買い時判断」23.3についても、前月より低下し、いずれの指標も過去最大の下げ幅を記録。特に雇用環境が最も低下した。2020年5月以降、外出自粛が解除となり、すべて上向きとなった。

　賃貸住宅事業は、新築して30年から50年、またはもっと長い期間運営する事業である。その過程で何が起きるか、不確定要素は多い。リスクに最も影響を受けるのが雇用環境であり、家賃の支払いにも関係する。入居者の心理を把握できれば様々な対策を立てやすくなる。

図1-13 消費者態度指数

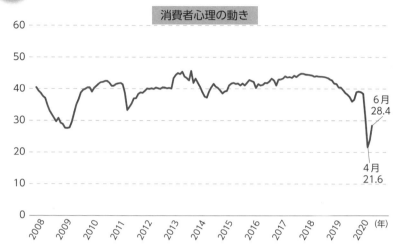

消費者心理の動き

6月
28.4

4月
21.6

資料：2020年4月　消費動向調査（内閣府）

図1-14 消費者意識指標

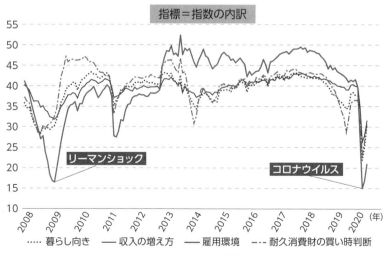

指標＝指数の内訳

リーマンショック

コロナウイルス

····· 暮らし向き　── 収入の増え方　── 雇用環境　─··─ 耐久消費財の買い時判断

資料：2020年4月　消費動向調査（内閣府）

5. 景気動向指数を見る

■これだけみれば景気が上向きか下向きかわかる

　景気指標は、たくさんあるため、何を見てよいかわからない、もっと簡単にわかる方法はないかという方のために、景気の動きがわかる「景気動向指数」を紹介したい。生産、雇用などさまざまな経済活動での重要かつ景気に敏感に反応する指標の動きを合成（コンポジット）し、景気の現状把握及び将来予測がわかるように作成された指標で、毎月内閣府が発表している。この合成した指数である景気動向指数（CI＝コンポジットインデックス）は、複数の指標をみることなく景気の動向が把握できてしまう便利な指数である。

　例えば、2020年5月の景気動向指数（CI、2015年＝100、**図1-15**）は景気の「現状」を示す「一致指数」が前月に比べ7.3ポイント下

図1-15　景気動向指数 (一致指数・先行指数、2015年=100)

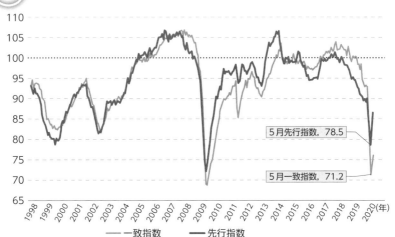

5月先行指数, 78.5

5月一致指数, 71.2

―― 一致指数　　―― 先行指数

資料：2020年7月分速報　景気動向指数

がり71.2。4か月連続で下がり、リーマンショック後の水準に落ち込んだ。有効求人倍率が下がり、また、数か月先の景気を示す「先行指数」は0.1ポイント下がり、78.5。底を打ったような感がある。

「一致指数」（**表1-4**）は所定外労働時間指数、小売業の商業販売額、有効求人倍率など10指標が採用されている。身近に感じる残業時間数や、スーパーマーケットの売り上げ動向も景気の判断材料である。ほとんどの構成要素がマイナスである。2020年5月の一致指数71.2で、前月より下がっており、景気は下向きである。

表1-4 一致指数の寄与度

リーマンショック後の水準

		令和2 (2020) 年					
		2月	3月	4月	5月	6月	7月
CI 一致指数	前月差（ポイント）	94.1	89.0	78.5	71.2	74.4	76.2
		-0.4	-5.1	-10.5	-7.3	3.2	1.8
C1	生産指数（鉱工業）前月比伸び率（%）	-0.3	-3.7	-9.8	-8.9	1.9	8.0
	寄与度	-0.04	-0.43	-1.07	-0.86	0.18	0.53
C2	鉱工業用生産財出荷指数 前月比伸び率（%）	2.0	-4.3	-12.4	-12.0	3.2	11.7
	寄与度	0.22	-0.50	-1.29	-0.90	0.30	0.53
C3	耐久消費財出荷指数 前月比伸び率（%）	-1.2	-9.4	-34.0	-8.2	21.7	24.7
	寄与度	-0.07	-0.56	-1.39	-0.49	0.57	0.59
C4	所定外労働時間指数（調査産業計）前月比伸び率（%）	-0.7	-4.9	-12.1	-13.2	6.9	
	寄与度	-0.11	-0.73	-1.36	-0.96	0.60	-0.03
C5	投資財出荷指数（除輸送機械）前月比伸び率（%）	1.5	-7.8	0.3	-7.8	5.1	-0.3
	寄与度	0.13	-0.66	-0.80	-0.54	0.32	-0.02
C6	商業販売額（小売業）（前年同月比）前月差	2.0	-6.3	-9.2	1.4	11.2	-1.5
	寄与度	0.17	-0.53	-0.72	-0.40	0.65	-0.13
C7	商業販売額（卸売業）（前年同月比）前月差	-0.1	-0.6	-10.3	-7.5	7.8	0.1
	寄与度	-0.01	-0.15	-0.76	-0.43	0.35	-0.00
C8	営業利益（全産業）前月比伸び率（%）	-5.4	-5.7	-15.0	-17.7	-21.4	
	寄与度	-0.43	-0.47	-1.17	-1.05	0.01	-0.07
C9	有効求人倍率（除学卒）前月差	-0.04	-0.06	-0.07	-0.12	-0.09	-0.03
	寄与度	-0.49	-0.67	-0.75	-1.03	0.01	-0.14
C10	輸出数量指数 前月比伸び率（%）	3.2	-5.5	-15.0	-9.5	4.5	6.4
	寄与度	0.25	-0.44	-1.17	-0.64	0.27	0.50

資料：2020年7月分速報　景気動向指数

　「先行指数」（**表1-5**）は、なじみのある新規求人数、新設住宅着工面積、実質機械受注、消費者態度指数、東証株価指数など11指標が採用されている。　株価や金利の動き、消費者の心理状態など、物の動きでない要素も加味されている。景気動向指数の構成要素を読み解くと、どのような側面から景気を測っているかよくわかる。

表1-5　先行指数の寄与度

CI 先行指数		令和2（2020）年					
		2月	3月	4月	5月	6月	7月
	前月差（ポイント）	91.2	84.8	78.6	78.5	83.8	86.9
		0.8	-6.4	-6.2	-0.1	5.3	3.1
L1 最終需要財在庫率指数	前月差	-3.0	14.0	24.9	0.5	-19.4	-9.0
	寄与度（逆サイクル）	0.28	-1.00	-0.87	0.01	0.97	0.92
L2 鉱工業用生産財在庫率指数	前月差	-1.7	5.7	10.2	17.3	-3.2	-15.2
	寄与度（逆サイクル）	0.28	-0.74	-0.88	-0.34	0.47	0.97
L3 新規求人数（除学卒）	前月比伸び率（%）	7.1	-5.1	-22.9	7.0	8.2	-4.9
	寄与度	0.47	-0.58	-0.92	0.45	0.77	-0.25
L4 実質機械受注（製造業）	前月比伸び率（%）	-1.6	-8.0	-2.6	-15.6	5.5	
	寄与度	-0.05	-0.23	-0.06	-0.38	0.14	
L5 新設住宅着工面積	前月比伸び率（%）	8.1	5.8	-9.0	-5.9	2.7	-1.2
	寄与度	0.38	-0.02	-0.40	-0.24	0.13	-0.05
L6 消費者態度指数	前月差	-0.9	-7.1	-9.1	2.6	4.5	0.6
	寄与度	-0.25	-1.05	-0.92	0.54	1.01	0.22
L7 日経商品指数（42種総合）	前月比伸び率（%）	-1.0	-5.5	-3.1	0.8	2.3	1.6
	寄与度	-0.18	-0.95	-0.48	0.14	0.37	0.32
L8 マネーストック（M2）（前年同月比）	前月差	0.2	0.2	0.5	1.4	2.2	0.6
	寄与度	0.15	-0.09	-0.04	0.45	0.91	0.48
L9 東証株価指数	前月比伸び率（%）	-2.9	-17.0	1.9	5.4	6.6	-1.6
	寄与度	-0.15	-0.87	-0.05	0.23	0.28	-0.08
L10 投資環境指数（製造業）	前月差	-0.07	-0.33	-0.54	-0.63	-0.63	
	寄与度	-0.05	-0.28	-0.43	-0.33	0.12	
L11 中小企業売り上げ見通しDI	前月差	0.0	-10.7	-17.0	-18.3	10.4	19.2
	寄与度	0.02	-0.54	-0.79	-0.32	0.55	0.89
一致指数トレンド成分	寄与度	-0.04	-0.11	-0.29	-0.38	-0.34	-0.32

資料：2020年7月分速報　景気動向指数

（左側欄外：新規求人数／住宅着工面積）

　景気動向指数は景気が上向きか、下向きか、どの業界が動いているのか一目でリアルに把握できる。賃貸住宅事業の経営者として、知っておくべき基礎知識であろう。

6. 街角の景気を探る

■現場の生々しい声がわかる景気ウォッチャー調査

タクシーに乗ると、運転手の方へ「最近の景気はいかが？」と質問してみるとよい。すると「さっぱりですね。」とか、「飲み会が減ったようで夜間は厳しい。」など現時点での景気の様子がわかる肌感覚の回答を聞くことができる。

このような現場の生の声がわかるのが「景気ウォッチャー調査」である。

これは、内閣府が毎月25日から月末にかけて、景気に関連のある動きが観察できる約2000人の協力を得て、地域ごとに飲食店の従業員、タクシーの運転手、金融業、コンビニ、旅行代理店、ハローワークの職員など、消費や雇用の現場にいる人々から景況感を聞き出し「街角景気」を計るものだ。家計動向、企業動向、雇用等、経済活動の動きを敏感に反映する業種の声を集約したものである。「景気の現状はどうですか?」「景気の先行きは？」の質問に5段階：良い（1ポイント）、やや良い（0.75）、変わらない（0.5）、やや悪い（0.25）、悪い（0）で回答し、各回答区分の構成比（%）を乗じて指数を算出している。判断指数の「50」が、好景気、不景気の境目になる。

2020年月6月の景気ウォッチャー調査では、「景気の現状判断DI」（**図1-16**）が前月から23.3ポイント上がり38.8になり、どの指数もプラスになり、新型コロナウイルス感染症の感染拡大の影響から回復傾向になっている。

特に「家計動向関連」の「飲食関連」で4月に初のマイナス3.1となったが、2～3か月先の「景気の先行き判断DI」（**図1-17**）をみ

図1-16　景気の現状判断DI

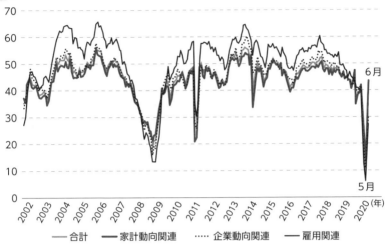

6月

5月

――合計　――家計動向関連　……企業動向関連　――雇用関連

資料：2020年6月　景気ウォッチャー調査

図1-17　景気の先行き判断DI

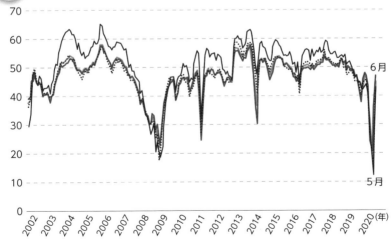

6月

5月

――合計　――家計動向関連　……企業動向関連　――雇用関連

資料：2020年6月　景気ウォッチャー調査

第1章

ると、家計、企業、雇用関連の全てのDIが上昇し、44.0となるなど大幅に上昇している。

　判断理由となった現場の声では、「スーパーなので、新型コロナウイルス感染症拡大の防止のための外出自粛の影響で売上げが増加している。」(スーパー経営者)という声があるものの、ほとんどが「緊急事態宣言後、来客数が激減している。現在のところ当商店街では大体7割が閉店している。」(商店街代表者)、「新型コロナウイルスの影響で、4月は宴会や夜の食事が1件もない。」(一般レストラン経営者)、「求人数は3か月前比70％ダウン。前年比70％強ダウンと非常に厳しい状況となっている。」(人材派遣会社社員)など、現場の現実の姿が伝わってくる。

　この調査では各地域、業種・職種毎に判断理由が表記されている。景気の実態を知るアンテナ情報として活用できる。

　賃貸住宅の入居者確保のためには、現時点で何が起きているのかを肌感覚で把握し、家賃、間取り、入居者向けサービスなどの検討をおすすめしたい。入居者のニーズに素早く対応できるのは、賃貸住宅の強みである。

7. 日銀短観で先行きを読む

■業界ごとに企業の状況がひと目でわかる調査

　マスコミが流すニュースでも情報は得ることはできるが、自分で直接データを探すのも新しい発見があり、意外と楽しい。企業の動向をタイムリーにわかるのが、「日銀短観」（全国企業短期経済観測調査）である。

　この調査は、日銀が年4回、全国の企業約1万社を対象に自社の業況や経済環境の現状や先行きについて行っている。業況が良いか、悪いか、これからどうなるかを質問し、（「良い」％－「悪い」％）ポイントで示している。

　2020年6月の日銀短観によると、大企業の製造業の景況感も示す業況判断指数がマイナス34と、26ポイントも大きく悪化した（図

図1-18　日銀業況判断指数（大企業）

資料：2020年6月　日銀短観（日本銀行）

1-18）。これは、新型コロナウイルスの感染症拡大による日本も含めた世界的な経済活動の停滞によるものである。なお3か月先の景況感は、すべての企業規模においてマイナスとなる見込みである。

　業界別にみると最も厳しいのは大企業の宿泊・飲食サービス業で、マイナス91ポイントも下がっている。これまでの想定の範囲を大きく超えた状況になっている。自動車はマイナス72となっており、3月より大幅に悪化している。

　3か月後、9月の先行きについては、やや回復傾向になるものの、製造業・非製造業、中小企業から大企業まで、すべての業態でマイナスとなっている。

　一方、賃貸住宅事業の担い手となる大企業の建設業・不動産業の業況判断（**図1-19**）は、前回調査より建設業は21ポイントの下落で15、不動産業は44ポイントの下落でマイナス12と大幅に下がっている。新型コロナウイルス感染症感染拡大の影響が遅れて出てきている。

図1-19 日銀業況判断指数（建設／不動産）

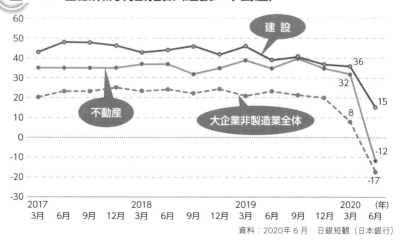

資料：2020年6月　日銀短観（日本銀行）

　入居者の収入が減少すれば、家賃の支払いに影響が出る可能性が高い。

　賃貸住宅の入居者のほとんどが、給与所得者であると想定すると、企業の業況は入居者の収入に直結する。また、ターゲットとしている入居者層がどの業界なのかも考慮し、各業界の動向を確認すると、入居者対応の検討がしやすいだろう。

8. お金の動きをみる

■お金（円）の量は増えている、減っている？

　日銀は2020年4月27日、金融政策決定会議を開き、新型コロナ
ウイルスの感染拡大に伴う経済の落ち込みを食い止めるため、追加
で3つの金融緩和策を決めた。

①国債を制限なく必要な量を購入→積極的に国債を購入することで
　金利上昇を抑える
②社債（会社が発行する債券）・コマーシャルペーパー（CP、支払
　い期限が短い社債）の買い入れ枠を20兆円に拡大→企業の資金繰
　りを支援する
③金融機関にゼロ金利で資金の貸し出し→中小企業向けの融資を後
　押しする
である。

　日銀はざっくり言うと市場に流通するお金の量を調節して、金融
市場を上手くコントロールしようとしている。金融の危機を防ぐた
め、お金をより多く市場に流そうとしている。政府は新型コロナウ
イルス感染症感染拡大の影響で悪化する経済を下支えするため、事
業規模117兆円の緊急経済対策を決めた。その財源の一部を国債の
大量増発で対応するため、日銀は国債を積極的に購入し、国債の利
回りの上昇を防ぐ必要がある。国債を購入する機関が少なければ、
利回りが上昇してしまう恐れがあるからだ。また、この新発10年
物の国債利回りは、住宅ローンなどの長期間借りる金利の目安と
なっている。もちろんアパートローンの金利も影響を受ける。

　「国債」は、国の発行する債券で、法律に基づいて発行されている。実務上、日本国債またはJGB（Japanese Government Bond）と呼ばれている。2019年度末の残高は、978兆円で名目GDP（国内総生産2019年：553.8兆円）の1.7倍のボリュームである。1999年が331.6兆円だったので、20年間で約３倍に膨れ上がっている（**図1-20**）。

図1-20　最近20年間の各年度末の国債残高

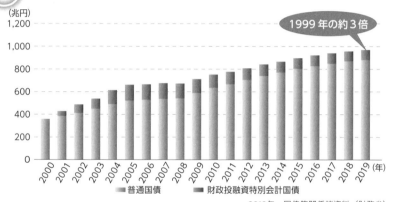

2019年　国債等関係諸資料（財務省）

　これらの国債の所有者別内訳によると１番が日本銀行で46％、次いで生損保等で21％、銀行等が14％となっている（**図1-21**）。日本銀行が半数近くも所有している。自分で債券を発行（政府が発行しているが）し、購入しているようなものであるため、流動性が低く国債の流通利回りは急激に高くなることはないと推測されている。

　そもそも金利は、景気拡大の方向にいけば上昇し、景気低迷の方向にいけば下がるといわれ、インフレになれば上昇し、デフレになれば下がる傾向となる。しかし、経済の先行きが不透明であるため、金利の方向性は予測ができない。ただ過去の状況からいえることは、2007年以降、貸出時の金利は下がる傾向にあったことは確かだ。

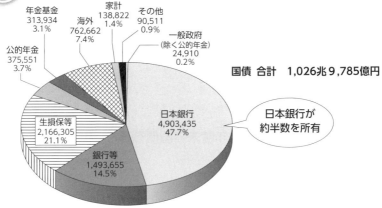

図1-21　国債等の保有者別内訳（2020年6月末（速報））

年金基金
313,934
3.1%

家計
138,822
1.4%

その他
90,511
0.9%

海外
762,662
7.4%

一般政府
（除く公的年金）
24,910
0.2%

公的年金
375,551
3.7%

国債　合計　1,026兆9,785億円

生損保等
2,166,305
21.1%

日本銀行
4,903,435
47.7%

日本銀行が
約半数を所有

銀行等
1,493,655
14.5%

資料：2020年　国債等関係諸資料（財務省）

　お金の量である「マネタリーベース」をみる。これは、「日本銀行が供給する通貨」のことで、流通現金（日本銀行券）と日銀当座預金の残高の合計値である。日本銀行券は、日銀が発行することができるお金で、日銀が「マネタリーベース」を増やすと、世の中に流通しているお金の量を増やす効果がある。

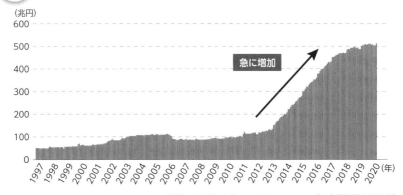

図1-22　マネタリーベースの平均残高

（兆円）

急に増加

資料：2020年4月　マネタリーベース（日本銀行調査統計局）

2020年4月の「マネタリーベース」（月末残高）は、518兆9千億円。日銀の資金供給量の拡大は続いている（**図1-22**）。これは、日銀が消費者物価指数の前年比2％増を超えるまで、お金の量の拡大を続ける方針が掲げられたままである。参考までに2020年3月の消費者物価指数は0.4％増であった。お金をじゃぶじゃぶと増やして、景気を刺激し、安定的なインフレを目指すのが、日銀の狙いであろう。

金融機関の貸出金利をみると、新規分も既存（ストック）分も2008年のリーマンショック前に金利上昇傾向にあったが、その後、下降傾向が続いている（**図1-23**）。

図1-23　国内銀行の貸出約定平均金利の推移

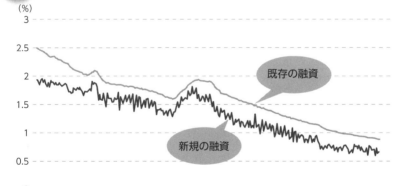

資料：2020年4月　マネーストック速報（日本銀行調査統計局）

賃貸住宅事業の収支計画では、常に「収入＞支出」となっていなければならない。支出が最も多いのが、アパートローンの返済額である。当初、固定金利で借り入れをしていれば、金利の変動がないため、安定した収支計画が組める。しかし、一般的には固定金利の

ほうが変動金利よりも高く設定されており。毎月の返済額が変動金利でのアパートローンよりも、高くなる。逆に変動金利で借り入れをしていれば、金利の変動リスクが伴う。お金の動きによっては、急に金利が動くことがあるため、お金の流れをしっかりと注視したい。

第2章

データでみる
賃貸住宅入居者のタイプ

1. 日本が初めて直面する人口減少時代

■1年で30万人規模の都市が消滅している？

　日本は人口減少時代に突入している。人口が減れば、必要な住宅戸数も減り、空き家が生じてしまう。そのため、賃貸住宅事業などは、難しいのではないかとの意見もある。

　たしかに今のままではその可能性が高い。しかし、賃貸住宅の役割をみつめ直し住む人に合わせ、機能やサービスを備えたものに変化すれば、賃貸住宅事業の幅が広がり上手くいくのではないか。そのためにも、まず、人口や世帯、家族形態、働き方、収入などの現状や将来推計など、入居者を取り巻く環境を基礎知識として理解しておきたい。

　まず、少子高齢化、人口減少時代といわれているが、実際はどうだろうか。

　総務省の人口推計（2020年9月報）によると日本の総人口は「1億2593万人」（2020年4月1日現在）で前年同月と比べ0.26％減で「32万4千人減少」している。1年で30万人程度の一つの都市が消滅するイメージである。この人口減少は、2010年から始まっている。

　労働力人口となる15〜64歳人口は7476万3千人、前年同月比で41万8千人（0.56％減）も減少しており、働き手は確実に減っている。年齢別の割合をみると15歳未満12％、15〜64歳59.4％、65歳以上28.6％で、すでに4人に1人以上は65歳以上となっている。英会話の外国人講師から、東京の昼間の街中に高齢者がとても多くいることに驚いた！と言われたことがある。

　国立社会保障・人口問題研究所の将来推計によると将来の総人口

（図2-1）は、2015年の国勢調査時点からの50年後の2065年には8808万人と推計（出生中位・死亡中位推計）され、2015年から3901万人減少する。2030年以降すべての都道府県で減少となる。また年齢層別にみると65歳以上の割合が38％となる超高齢化社会に進むことになる。「５人に２人が65歳以上」の社会である。主な働き手である15〜64歳の生産年齢人口は2015年7728万人から2065年4529万人となり、約４割の3199万人の減少となる。

図2-1　将来推計人口、総人口（65歳以上の割合）

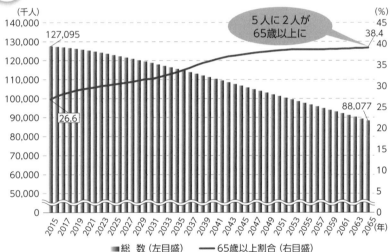

資料：2017年　日本の将来推計人口（国立社会保障・人口問題研究所）

■世界最速の高齢化が進行中

　年齢別の人口の推移をみると、2015年から30年後の2045年に
かけて、15〜64歳人口が28％減で2144万人減の5584万人、65歳
以上人口が16％増で532万人増の3919万人、総人口に占める割合
は37％に上昇する。ただし、2043年以降、65歳以上の人口も減少
傾向となる（**図2-2，表2-1**）。

図2-2　国内の年齢区分別　将来推計人口

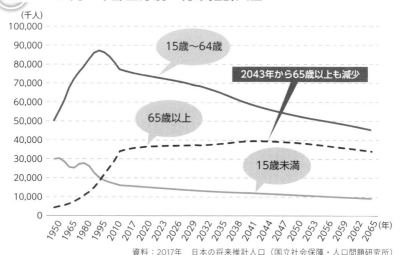

資料：2017年　日本の将来推計人口（国立社会保障・人口問題研究所）

表2-1　人口動態（年齢層別）の将来推移

	現在（2015年）	10年後（2025年）	30年後（2045年）	50年後（2065年）
総　人　口	1億2709万人	1億2254万人	1億642万人	8808万人
65歳以上	3387万人（26.6％）	3677万人（30.0％）	3919万人（36.8％）	3381万人（38.4％）
15〜64歳	7728万人（60.8％）	7170万人（58.5％）	5584万人（52.5％）	4529万人（51.4％）
0〜14歳	1595万人（12.5％）	1407万人（11.5％）	1138万人（10.7％）	897万人（10.2％）

資料：2017年　日本の将来推計人口（国立社会保障・人口問題研究所）

第2章

　諸外国と65歳以上の人口の割合を比較すると、2020年時点で最も高いのが日本（29％）、次いでドイツ（22％）、フランス（21％）。その後の推移でも日本の高齢化の進行が、世界で最も高い水準となっている（**図2-3**）。

　賃貸住宅事業においても、少なくとも30年以上の中長期間を見越した事業の計画を練ることが求められる。どの年代でも住みやすい住宅づくりやサービスの視点と検討は欠かせない。

図2-3　65歳以上の人口の割合の将来推計

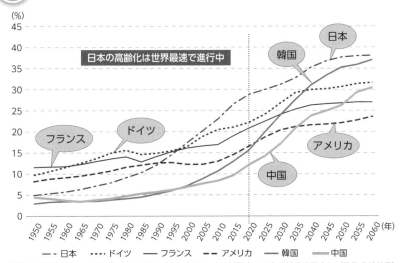

資料：UN, World Population Prospects：The 2017 Revision、国勢調査、日本の将来推計人口（総務省統計局）

2. 少子高齢化社会ではなく
「未婚・超高齢化社会」

■出生数の急減　〜年間５万４千人減

　少子化対策を実施し、子育て環境を整えればなんとかなるという幻想は、もはや持たないほうがよいのではないか。

　2019年の人口動態統計の年間推計によると出生数は、調査開始以来で最小の86万４千人。前年比５万４千人減少（5.9％減）で減少率は過去最高となった。出生率（人口千対）も7.0と前年7.4より0.4ポイント減となった。死亡数は137万６千人で前年比１％増。2007年から死亡数が出生数を上回り、自然減となっている。毎年その差が拡大しており、2019年の自然減が51万２千人である（**図2-4**）。

　婚姻件数58万３千組で前年より３千組も減少している（**図2-5**）。婚外子が少ない日本では、いくら少子化対策をしても、そもそも婚姻件数が減少しているので、減少に歯止めがかかることはない。

　加えて合計特殊出生率は1.42となっているが、ここ数年は低下傾向である。母の年齢階級別出生率をみると、34歳以下の階級では低下傾向だが、35歳以上の階級では上昇傾向を示している（**図2-6**）。なお出生数は30〜34歳での出生数が最も多い。20歳代で第１子を産むのではなく30歳代以上で産む人が増えている。

■平均寿命も生涯未婚率も上昇

　2019年簡易生命表（厚生労働省）の概況によると平均寿命は男性81.41歳（前年比＋0.16歳）、女性87.45歳（前年比＋0.13歳）で、男性、女性ともに平均寿命は延びて過去最高を更新している。平均寿命は毎年伸びており、高齢化が進行している。将来推計をみても2065年男性84.95歳、女性91.35歳に上昇する。

図2-4　出生数と死亡数の推移

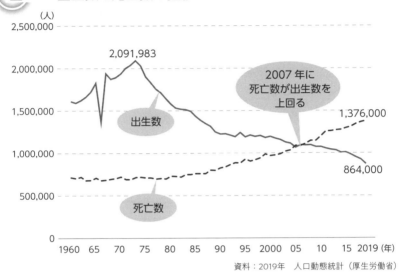

資料：2019年　人口動態統計（厚生労働省）

図2-5　婚姻件数と離婚件数の推移

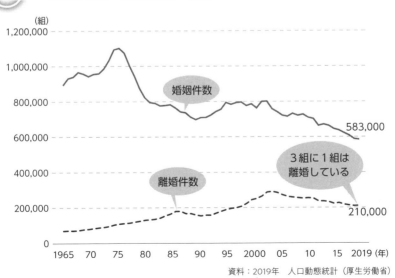

資料：2019年　人口動態統計（厚生労働省）

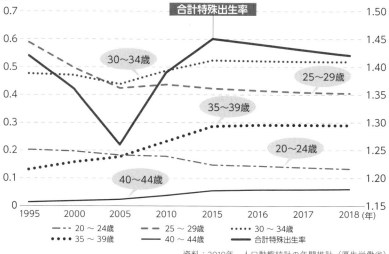

図2-6　年齢階層別特殊出生率（左目盛）、合計特殊出生率（右目盛）

資料：2019年　人口動態統計の年間推計（厚生労働省）

　諸外国と比較しても、男性は1位香港82.34歳、2位スイス81.7歳、3位日本81.41歳。女性は1位香港88.13歳、2位日本87.45歳、3位スペイン86.22歳。日本は、世界の中でもトップレベルの長寿国である。

　賃貸住宅に入居する人数は減少するが、賃貸住宅に住む時間は確実に長期化していく。今後、若者向けだけでなく様々な年代を狙った単身世帯向けの賃貸住宅の需要も必然として高まる。

　ライフステージに合わせてフレキシブルに住み替えできるような備えがあれば、どの世代においても、賃貸住宅に住まうことが「ふつう」になるであろう。

　そのためには、家族人数に応じた広さや間取り、自宅でも仕事ができるネット環境整備、子育てしやすい遮音に配慮した仕様、共働きを前提とした間取りや設備、車椅子移動ができる共用空間など、

年齢・性別を問わず、住む人が暮らしやすい住宅に進化していく必要がある。

3. 単身世帯が「ふつう」になる

■2040年に単身世帯が全体の4割に

　日本全体の人口は減少しているが、まだ世帯数は増えている。国民生活基礎調査によると世帯数の総数は2019年6月時点で5178万5千世帯。2018年より56万世帯以上増加し、過去最高を更新している。逆に平均世帯人員は1986年3.22人から減少し続け、2019年には、2.39人で、過去最低を更新している（**図2-7**）。

図2-7　世帯構造・平均世帯人員の推移

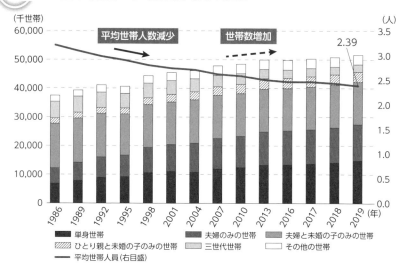

資料：2019年6月　国民生活基礎調査（厚生労働省）

　つまり、平均世帯人員が減少しているため、世帯数が増加している。

　世帯構造の構成をみると、「単身世帯」が1490万世帯（29%）で

最も多く、「夫婦と未婚の子のみの世帯」が1471万世帯（シェア28％）、次いで「夫婦のみの世帯」が1263万世帯（24％）となっている。サザエさん一家のような「三世代世帯」は262万世帯で5％程度しか存在しない。

　世帯構造の推移をみると、「単身世帯」と「夫婦のみ世帯」が増加し、「三世代世帯」は減少している。1980年代は、圧倒的に「夫婦と未婚の子のみの世帯」が多数派であった。その時期にファミリータイプを主に計画された賃貸住宅事業は、入居者の確保で苦戦されているかもしれない。これほど、世帯構造が大きく変化することを想像するのは困難であったかもしれない。

　国立社会保障・人口問題研究所の世帯の将来推計によると、日本の世帯数合計は2025年の5411万世帯をピークで徐々に減少していく。同時に1世帯当たり人員も2040年2.08人に減少していく（**図2-8**）。

図2-8　一般世帯数及び1世帯当たり人員の将来推計

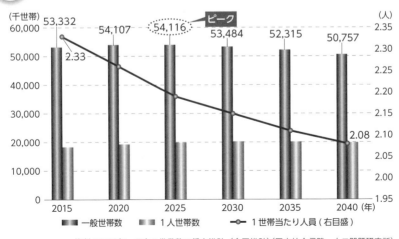

資料：2018年　日本の世帯数の将来推計（全国推計）（国立社会保障・人口問題研究所）

　ただし、世帯数の増減を都道府県別にみると、地域によってかなり
異なる。2015年から2045年にかけて世帯数が増加するのは沖縄県
（13%増）、東京都（4%増）を含む5都県のみである一方、秋田県
（23%減）、青森県（20%減）を筆頭として42道府県は減少する。

　全国の家族類型別の割合の推移をみると、2015年から2045年に
かけて、全体の4割が単身世帯という状況になっていく（**図2-9**）。

図2-9　家族類型別割合の将来推計（全国）

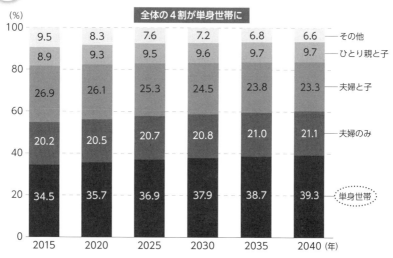

資料：2018年　日本の世帯数の将来推計（全国推計）（国立社会保障・人口問題研究所）

■単身世帯が「ふつう」になる理由

　世帯形成のキーワードとなる未婚率を年齢層別にみると、2015
年では昔言われていた結婚適齢期である「男性30歳代前半」で
46.5%、「女性20歳代後半」で61%となっている（**表2-2**）。男性の
40歳代後半でも4人に1人は独身、女性でも30歳代前半で3人に
1人は独身の時代となっている。1990年から2015年までの推移を

表2-2 年齢層別未婚割合 (%)

	男性	女性
15〜19歳	99.7	99.5
20〜24	94.8	90.9
25〜29	72.5	**61.0**
30〜34	**46.5**	33.7
35〜39	34.5	23.3
40〜44	29.3	19.1
45〜49	25.2	15.3
50〜54	20.3	11.4
55〜59	16.1	7.8
60〜64	13.3	6.0
65〜69	9.1	5.1
70〜74	5.0	4.2
75歳以上	2.2	3.7

資料：2015年　国勢調査

みると、男性も女性も急激に未婚率が上昇していることがわかる（図2-10）。特に男性の50歳代以上の増加傾向が高くなっている。

第2章

図2-10　1990年 ⇒ 2015年の未婚率の増加率

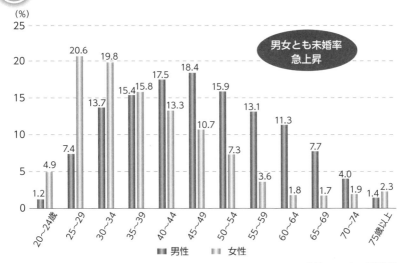

資料：2015年　国勢調査

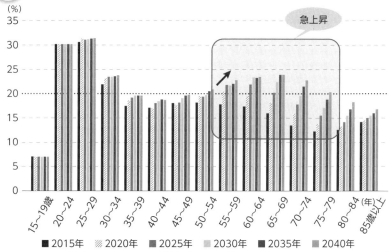

図2-11　独居率（男性）の推移

資料：2018年　日本の世帯数の将来推計（全国推計）（国立社会保障・人口問題研究所）

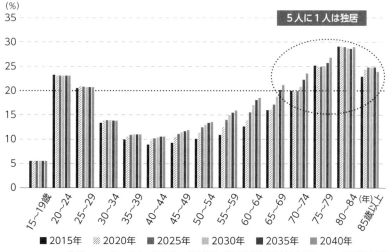

図2-12　独居率（女性）の推移

資料：2018年　日本の世帯数の将来推計（全国推計）（国立社会保障・人口問題研究所）

　さらに、男女別に独居率の将来推計をみると、男女ともに上昇しており、特に未婚率と同様に男性の50歳代以上の上昇が顕著である（**図2-11**）。また、女性は65歳以上で5人に1人は独居となっていく（**図2-12**）。独居の需要は、賃貸住宅への需要に直接つながることから、どのように応えていくか、事業面でも重要になっていく。

　さらに、初婚年齢、第一子出産年齢の推移をみると、晩婚化により、初婚年齢が男女ともに上昇しており、独身時代が長期化している。同時に第一子出産年齢も上昇している（**図2-13**）。

図2-13　初婚年齢と第一子出産年齢

資料：2018年　人口動態統計（厚生労働省）
　　　2019年　　〃　　　　月報年計

　この結果、子供が2人になったら、子供が小学校に進学したら、マイホームを持ちたいという昔ながらのステージが遅くなり、賃貸住宅の需要は従来よりも長期化すると推測できる。

　単身世帯が「ふつう」になり、「家族」の考え方も変化していくであろう。

　世帯構成の変化が、賃貸住宅の需要の変化に直結する。独居の形態がどのようになるか、賃貸住宅市場において大きな影響を与える。また、独居は孤独にもつながる可能性もあるため、いかにコミュニティづくりをするかが重要になる。賃貸住宅は、分譲マンションなどと異なり、全体の管理を賃貸住宅オーナーが担っているため、機動的に対策が立てやすいという長所がある。オーナーの考え次第で、様々な工夫ができるのではないか。

4. お隣さんは外国人

■在留外国人は293万人　～永住者は100万人

　近所のスーパーに、旅行客には見えない外国人を多く見かけるようになった。法務省が公表している在留外国人数をみると、日本に在留する外国人は293万3137人（2019年末現在）。前年末より20万2044人（7％増）で過去最高となった。2020年4月1日現在の日本の総人口は約1億2593万人なので、約2％が在留外国人となっており、確実に増加している（**図2-14**）。

　国籍・地域別にみると、中国が最も多く81万3675人（シェア28％）、次いで韓国44万6369人（15％）、ベトナム41万1968人

図2-14　在留外国人の推移

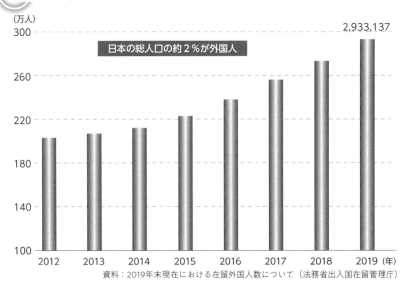

資料：2019年末現在における在留外国人数について（法務省出入国在留管理庁）

（14％）、フィリピン28万2798人（10％）、ブラジル21万1677人
（7％）となっている。この上位5か国のうち、5年前の2014年と
比較すると、ベトナム31万2千人増、中国15万8千人増となって
いる（**図2-15**）。周辺に外国人の居住者が増えた実感が統計にも表
れている。

図2-15　国籍別在留外国人数の推移

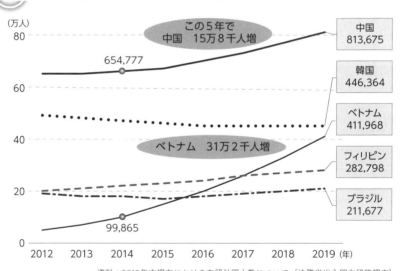

資料：2019年末現在における在留外国人数について（法務省出入国在留管理庁）

在留資格別でみると、「永住者」が79万3千人（対前年比2.8％増）
で最も多く、次いで「特別永住者」が31万2千人（2.8％減）、「留学」
が34万5千人（2.6％増）、「技能実習」が41万人（25.2％増）となっ
ており、技能実習資格での外国人が特に増加している（**表2-3**）。政
府は、働き手不足の解消のため、2019年4月から特定技能による
外国人労働者の受け入れを開始し、最初の5年間の見込みとして最
大34万人の受け入れを行う方針を示した。働き手として、日本に
住む外国人が確実かつ継続して増えていくであろう。もうすでに、

永住者と特別永住者の合計が100万人を超えている。

表2-3　在留資格別　外国人数（抜粋）

	（人）	シェア（%）	対前年末比（%）
永　住　者	793,164	27.0	+2.8
特別永住者	312,501	10.7	−2.8
留　　　学	345,791	11.8	+2.6
技 能 実 習	410,972	14.0	+25.2
技術・人文知識・国際業務	271,999	9.3	+20.5
介　　　護	592	0.0	+220

資料：2019年末現在における在留外国人数について（法務省出入国在留管理庁）

　都道府県別在留外国人数のトップ5は、東京都の59万3千人が最も多く、全国の20％以上を占めており、5人に1人が東京都在住である。次いで、愛知県、大阪府、神奈川県、埼玉県の順となっている（表2-4）。

表2-4　都道府県別　在留外国人数（TOP5）

		（人）	構成比（%）	前年末比（%）
1	東 京 都	593,458	20.2	+4.5
2	愛 知 県	281,153	9.6	+7.7
3	大 阪 府	255,894	8.7	+7.0
4	神奈川県	235,233	8.0	+7.4
5	埼 玉 県	196,043	6.7	+8.5

資料：2019年末現在における在留外国人数について（法務省出入国在留管理庁）

　住宅についてみると、外国人のみの世帯が住む住宅は、民間の賃貸住宅56％、持家19％、公営の賃貸住宅6％、都市再生機構や住宅供給公社の賃貸住宅が5％である。外国人家族にとって、民間の賃貸住宅の役割はとても大きい（**図2-16**）。

図2-16　在留外国人のみ主世帯の住宅形態

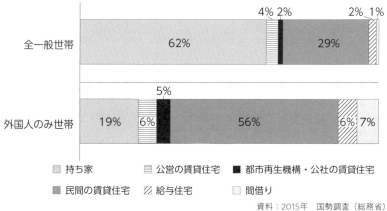

資料：2015年　国勢調査（総務省）

　日本全体は人口減少の流れにあるが、在留外国人はこれから増加する傾向にある。このニーズにどう対応するか、検討すべき時代となっている。

5. 良好だった雇用でも上がらない給与

第2章

■非正規雇用の割合は約４割

　一般職業紹介状況によると2020年５月の有効求人倍率は、1.20倍となった（**図2-17**）。また、同年５月の完全失業率は2.9％、完全失業者は前年同月比33万人増で198万人となった。４ヶ月連続の増加であり、2020年５月時点の完全失業者のうち、求職理由別では「勤め先や事業の都合による離職」が35万人で、前年同月比12万人増となった。完全失業率と有効求人倍率の推移をみると2020年１月から上向きだった雇用環境が悪化し始めたことがわかる。

図2-17　完全失業率と有効求人倍率の推移

資料：2020年５月分一般職業紹介状況（厚生労働省）
資料：2020年５月分労働力調査（総務省統計局）

　就業者数の対前年比を雇用形態別でみると、非正規の職員・従業員61万人減と雇用形態によって、状況がかなり異なっている。

表2-5 就業者数の構成

原 数 値	実 数 (万人、%)	対前年同月増減 (万人、ポイント)			
		5月	4月	3月	2月
15歳以上人口	11084	-9	-9	-6	-5
労働力人口	6854	-44	-67	15	38
就業者	6656	-76	-80	13	35
男	3702	-43	-27	4	7
女	2954	-33	-53	9	28
自営業主・家族従業者	695	-2	-32	-40	-25
雇用者	5920	-73	-36	61	64
役員を除く雇用者	5580	-61	-34	40	45
正規の職員・従業員	3534	-1	63	67	44
非正規の職員・従業員	2045	-61	-97	-26	2
農業、林業	217	-8	1	-7	-3
建設業	486	-13	-12	3	7
製造業	1041	-27	-17	-24	-15
情報通信業	239	15	20	2	-5
運輸業、郵便業	361	10	15	12	-1
卸売業、小売業	1040	-29	-33	17	44
金融業、保険業	169	-5	-2	-5	-7
不動産業、物品賃貸業	138	10	15	3	8
学術研究、専門・技術サービス業	250	-2	9	13	-1
宿泊業、飲食サービス業	376	-38	-46	-14	-6
生活関連サービス業、娯楽業	224	-29	-11	3	1
教育、学習支援業	340	8	-7	-11	-2
医療、福祉	841	9	15	40	25
サービス業 (他に分類されないもの)	467	22	-8	-6	2
就業率	60.1	-0.6	-0.7	0.1	0.4
うち15〜64歳	76.9	-0.7	-0.6	0.3	0.5
男	83.5	-0.7	-0.3	0.0	0.3
女	70.2	-0.6	-0.7	0.6	0.7
うち20〜69歳	78.3	-0.3	-0.2	0.7	0.9
完全失業者	198	33	13	2	3
非自発的な離職	54	15	8	7	2
うち勤め先や事業の都合	35	12	9	4	1
自発的な離職（自己都合）	73	5	-4	-8	3
新たに求職	54	14	13	6	1
非労働力人口	4221	37	58	-20	-42

（主な産業別就業者）

（求職理由別）

資料：2020年5月分労働力調査（総務省統計局）

　産業別にみると、「宿泊業、飲食サービス業」で38万人減、「卸売業、小売業」29万人減、「生活関連サービス業、娯楽業」29万人減となった。2019年前半まで統計的に好調だった雇用環境が、2020年春に感染拡大した新型コロナウイルス感染症の影響を受け、急激に悪化している（**表2-5**）。

　男女別に就業者数の対前年比増減数をみると男性は43万人減少、女性は33万人減少で男女合計で76万人減少となっており、2か月連続で就業者数が減少している。

　全体の非正規雇用率は2002年から増加傾向にあり、2019年において全体が38％、特に25〜34歳の若年層で25％もあり、4人に1人が非正規雇用となっている（**図2-18**）。

図2-18　非正規雇用率及び失業率（全体、25〜34歳）

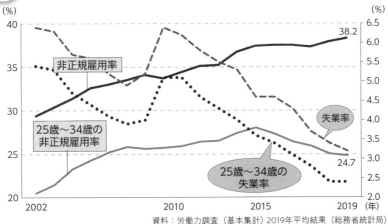

資料：労働力調査（基本集計）2019年平均結果（総務省統計局）

第2章

　2020年2月時点で、どの年齢層でも男性と比べて女性の非正規雇用率が圧倒的に高く、35歳以上では半数以上が非正規雇用である（**図2-19**）。

図2-19　年齢層別・男女別の非正規雇用率（2019年）

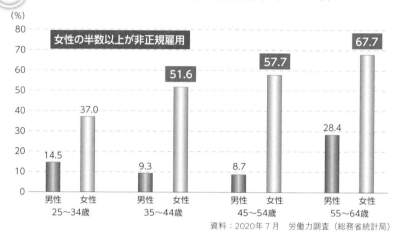

資料：2020年7月　労働力調査（総務省統計局）

　失業率が減少しても、就業者数が増えても、非正規雇用率が上昇している限り、就業者全体の給与は上がらない。加えて、2020年の新型コロナウイルス感染拡大による経済の悪化状態が続くと、真っ先に雇用が失われる可能性が高いのが非正規雇用である。そのため、働く女性の半数程度がその危機に直面する恐れがある。

　経済の状態が、いつどのように変化するか予測は困難だが、賃貸住宅の家賃の支払い方について、柔軟に対応できる手法を検討しておくことが望ましい。

6. サラリーマンのお給料は上がらなかった

■20年前の平均給与を超えられない

　国税庁では、給与所得者への給与支払い額に着目した民間給与実態統計調査を行っている。この調査は、あくまでも給与の集計であるため、個人の所得全体を示したものではないが、サラリーマンの給与の実態をみることはできる。

　2018年に1年間勤務した民間企業で働く人が得た平均給与は440万7千円で、2017年に比べ2％増、8万5千円の増額となった。2012年より6年連続増加している。しかし、過去20年間での平均給与の推移を見ると1997年の467万円が最高で、2018年よりも27万円高い水準である。この20年間で全体の給与水準は改善していないことがわかる（**図2-20**）。

図2-20　2018年勤続者（1年間）の平均給与とその伸び率

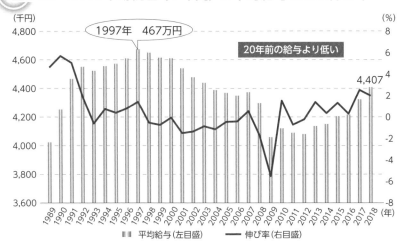

資料：2018年　民間給与実態統計調査（国税庁）

　給与を雇用形態別にみると、正規雇用は男性559万円、女性386万円、非正規雇用は男性236万円、女性154万円となる（**表2-6**）。正規雇用の女性の平均給与は正規雇用男性の69％、非正規雇用の男性の平均給与は、正規雇用の男性の42％の水準で、明らかな格差がある。

表2-6　雇用形態別の平均給与（2018年）

区 分	平均給与		内　正規		内非正規	
	（千円）	伸び率（%）		伸び率（%）		伸び率（%）
全 体	4,407	2.0	5,035	2.0	1,799	2.2
男 性	5,450	2.5	5,599	2.3	2,360	2.9
女 性	2,931	2.1	3,860	2.5	1,541	2.2

資料：2018年　民間給与実態統計調査（国税庁）

　さらに、正規雇用の男女別年齢階層別の平均給与をみると、男性は年齢上昇とともにピークとなる55〜59歳の年齢層まで平均給与が686万円に上昇している（**図2-21**）。一方、女性は25〜29歳の年齢層の326万円が最も高く、その後ほぼ横ばいで50歳代以降は下がっている。女性の勤務年数が男性と比べて短く、スキルが向上していない、と想像されるかもしれない。

　しかし、男女別・勤続年数別の平均給与をみると、女性では勤続年数が増えても給与はなだらかにしか上昇していない（**図2-22**）。勤続年数1〜4年の男性の平均給与（398万円）を超えるのは、女性では勤続年数25〜29年（436万円）までかかる。この給与水準を見ただけでも、女性の十分な活用ができていないと推測できる。

図2-21　男女別・年齢階層別の平均給与（2018年）

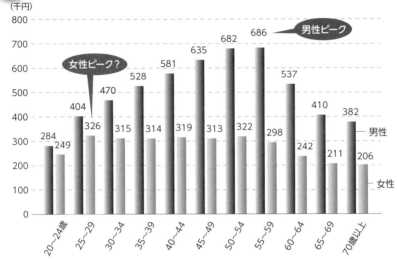

資料：2018年　民間給与実態統計調査（国税庁）

図2-22　男女別・勤続年数別の平均給与（2018年）

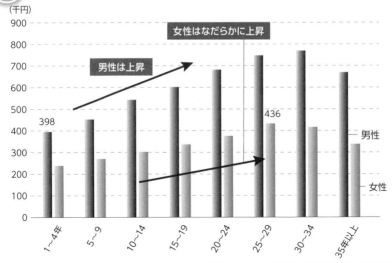

資料：2018年　民間給与実態統計調査（国税庁）

　賃貸住宅の主な入居者層となる若年層（25歳〜34歳）の男女別平均給与の推移をみても、20年前の1997年の給与水準を超えていない（**図2-23**）。

図2-23　男女別・25歳〜34歳平均給与の推移

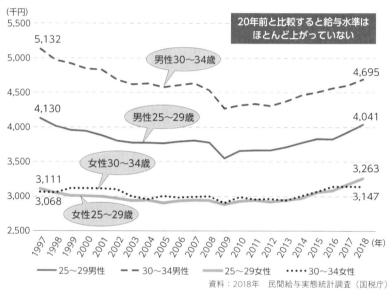

資料：2018年　民間給与実態統計調査（国税庁）

■給与所得者の貧困化

　男性給与階級層別構成割合の1997年と2018年を比較してみると、400万円超から2000万円以下の層で減少している。400万円よりも上の層が減少し、逆に、200万円超〜300万円以下が2.4ポイント増加、100万円超〜200万円以下が2.9ポイント増加しており、豊かにならず、貧しくなっているという現象である（**図2-24**）。仮に年収500万円であれば、毎月の給与は41万円程度、手取り収入はその8割（税金や社会保障費分の2割を考慮）となる。一般的には、家賃の目安は給与の25％〜30％、つまり8〜10万円だが、

図2-24　男性給与階級層の推移

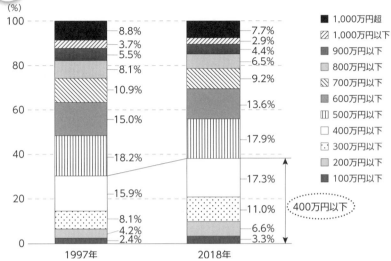

資料：2018年　民間給与実態統計調査（国税庁）

図2-25　女性給与階級層の推移

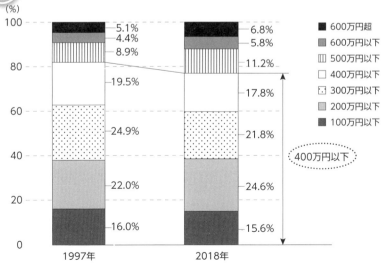

資料：2018年　民間給与実態統計調査（国税庁）

2018年の分布をみると500万円以下の層が5割を超えているため、単身向けの場合、家賃設定はこれらの傾向をふまえた検討が必要である。

　次に女性給与階級層別構成割合をみると、男性とは逆に500万円超から900万円以下の階層で増加している（**図2-25**）。

　次に企業の資本金階級別の平均給与水準をみると資本金の高いところが平均給与も高くなっている。しかし、推移をみると10億円以上の企業でも20年前の平均給与を超えていない（**図2-26**）。
　さらに、企業の資本金階級別給与取得者数の推移をみても、資本金の高い企業の人数は増加しておらず、2000万円未満の企業が増加傾向となっている。資本金の高い企業の雇用人数が増えれば、給与水準が上昇するが、そうなっていない現実がある（**図2-27**）。

　業界別の平均給与をみると、電気・ガス・熱供給・水道業が759万円で最も高く、宿泊業・飲食サービス業が251万円で最低水準となっている。業界によって大きな違いが生じている。賃貸住宅の入居者のターゲットをどの業種にするか検討される場合、参考にしていただきたい（**図2-28**）。
　日本の給与水準は20年間上がらなかった。もし、賃金が上昇して労働生産性が上がっていたら、女性が稼げるような雇用構造であったら、もっと経済的にも豊かな社会になっていただろう。

　それと同時に、家賃収入に影響を与える給与状況の情報収集は、直接、統計情報などを確認しておきたい。現実の課題が明確になり、対応策が立てやすくなるのではないか。

図2-26　資本金階級別の平均給与 (2018年)

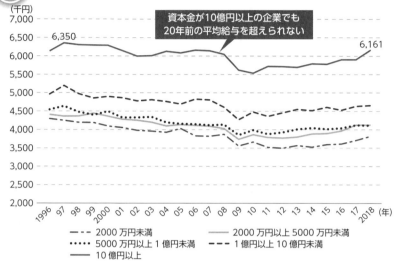

（千円）

資本金が10億円以上の企業でも
20年前の平均給与を超えられない

6,350

6,161

凡例：
- --- 2000万円未満
- ── 2000万円以上5000万円未満
- ・・・ 5000万円以上1億円未満
- --- 1億円以上10億円未満
- ── 10億円以上

資料：2018年　民間給与実態統計調査（国税庁）

図2-27　資本金階級別の給与所得者数 (2018年)

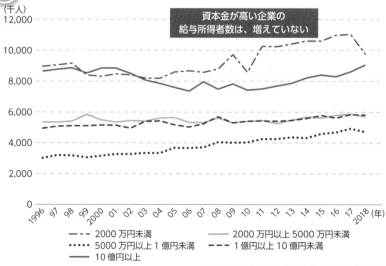

（千人）

資本金が高い企業の
給与所得者数は、増えていない

凡例：
- --- 2000万円未満
- ── 2000万円以上5000万円未満
- ・・・ 5000万円以上1億円未満
- --- 1億円以上10億円未満
- ── 10億円以上

資料：2018年　民間給与実態統計調査（国税庁）

第2章

図2-28 業界別の平均給与（2018年）

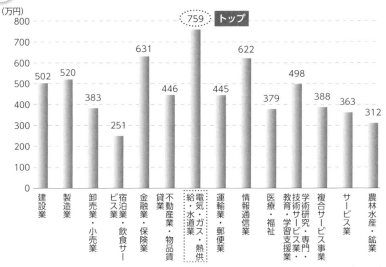

資料：2018年　民間給与実態統計調査（国税庁）

7. 女性が働きやすい賃貸住宅とは

■共働きの世帯の割合が約5割に上昇

　2017年の就業構造基本調査から、女性の就業状況をみてみると15歳以上の人口のうち就業者は6621万3千人で、2012年に比べ就業者数は179万2千人増加した。男女別でみると男性は32万9千人増加。女性は146万2千人増加となり、有業率が男性は0.4ポイント増の69.2%、女性は2.5ポイント増の50.7%となった。男性は、60〜69歳のみで大きく増加したが、女性は全ての年齢階級で増加しており、女性が着実に働き始めている。

　世帯構成では「夫婦のみ」、「夫婦と親」、「夫婦と子どもからなる世帯」、「夫婦、子どもと親」の世帯（全国で2763万5千世帯）のうち、夫婦共働き世帯は1348万8千世帯、48.8%を占める。2012年から、3.4%増加し、かつ全ての都道府県で共働き世帯割合が上昇している。全国で共働き世帯割合が最も高い県は、福井県60%、次いで山形県58%、富山県57%である。首都圏の1都3県では東京都が49%であった（**表2-7**）。

表2-7　共働き世帯の割合（%）

			2012年	2017年	増加ポイント
	全　国		45.4	48.8	3.4
ベスト3	1	福 井 県	58.8	60.0	1.2
	2	山 形 県	57.4	57.9	0.5
	3	富 山 県	53.9	57.1	3.2
1都3県		東 京 都	44.0	49.1	5.1
		埼 玉 県	43.7	46.5	2.8
		神奈川県	41.4	46.3	4.9
		千 葉 県	42.4	45.4	3.0

資料：2017年　就業構造基本調査（総務省統計局）

■育児をしながら働く女性は、すべての年齢階級で増加

　2017年の育児（小学校入学前の未就学児を対象）をしている人の男女別就業率をみると、男性は99％、女性は64％。男性はすべての年齢階級で90％を超えている。女性は「45歳以上」が71％と最も高く、2012年と比較するとすべての年齢階級で上昇している（**図2-29**）。

図2-29　年齢階級別・育児をしている女性の有業率

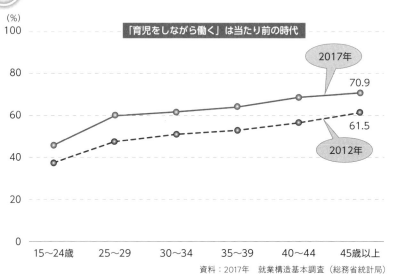

資料：2017年　就業構造基本調査（総務省統計局）

　社会全体が「育児をしながら働く」といスタイルに変化している。育児世代向けの賃貸住宅においても、ベビーカーの収納、ケガが起きないようなユニバーサルデザインの家具や器具の採用、子供が泣いても大丈夫なような遮音性の確保など、子育てをサポートする計画に変化したい。

　育児の負担をみるために、正規職員・従業員の男女別1日当たり

の家事・育児時間の割合をみると、男性は「１時間未満」が37％と最も高く、女性は「４〜６時間未満」31％と最も高く、次いで「８時間以上」が27％となっている（**図2-30**）。同じ正規職員・従業員でも、男女でこれほどの差があると、男性側の協力や女性の負担を減らす取組みが家庭内外で必要である。

図2-30　正規職員（男女別）１日当たりの家事・育児時間

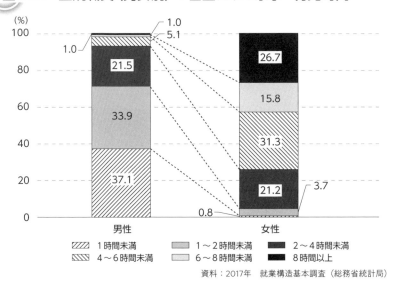

資料：2017年　就業構造基本調査（総務省統計局）

■年間平均20万人の女性が出産・育児で離職

2012年10月〜2017年９月の５年間に「出産・育児のため」に前職を離職した人数は102万４千人（男性が１万３千人、女性101万４千人）もいる。女性は１年当たり約20万人も離職している。また、全離職者の５％が出産育児を理由として離職している。働き盛りの労働力が20万人消滅すると、それを補うための新規採用や教育などの無駄なコストが生じる。逆に言えば、女性が出産育児を経て働き続けられる企業では労働生産性が上昇する可能性が高いの

ではないか。

　15歳以上人口で、介護している者は627万6千人、そのうち就業者が346万3千人。介護している者の有業率は男性64％、女性49％となっている。年齢階級別の介護している女性の有業率は2012年と比較するとどの年齢層でも上昇している（**図2-31**）。育児と介護で負担が増加してしまうと、女性の働く環境は肉体的にも精神的にもより厳しい状況に置かれてしまう。

図2-31　年齢階級別　介護している女性の有業率

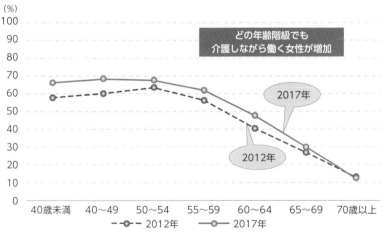

資料：2017年　就業構造基本調査（総務省統計局）

　育児、家事・介護などの状況から、やむを得ず非正規の職員・従業員を選択している人も多く存在している。一方、税制上の扶養や社会保険上の扶養で短い時間内で働くまたは短い時間働くことを好んで非正規雇用を選択している場合もある。そのため、就業調整をしているか、していないかで、所得階級をみてみよう。

　就業調整をしていない人でも、年収が200万円未満の層が77％

となっている（**図2-32**）。単身世帯やひとり親世帯で、非正規雇用の場合、生活がかなり厳しいことがわかる。

図2-32 女性の非正規職員 就業調整の有無別 所得階級の割合

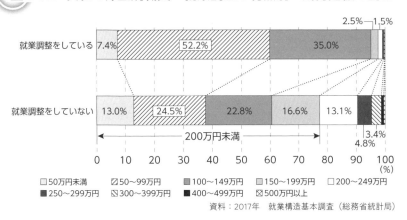

資料：2017年 就業構造基本調査（総務省統計局）

　世界経済フォーラムが2019年12月に、世界ジェンダー・ギャップ指数を発表した。この指数は、経済、政治、教育、健康の4つの分野から作成され、0が完全不平等、1が完全平等を示す。1位アイスランド、2位ノルウェー、3位フィンランドである（**表2-8**）。残念ながら、2020年の日本の総合スコアは0.652で、順位は153か国中121位。前年の149か国中110位より低下している。内訳をみると経済や政治の分野でかなり下の順位になっている（**表2-9**）。先進国とは思えない水準である。

　見方を変えれば、働く女性の潜在力がまだ活用されていない社会であり、活躍の場がこれから増える、増やすことを応援する「住まい」づくりが求められるのではないか。

　賃貸住宅でも、働く女性が住みやすい、子育てがしやすい、安全・

表2-8 男女平等ランキング（ジェンダーギャップ指数2020）

順位	国　名	スコア
1	アイスランド	0.877
2	ノルウェー	0.842
3	フィンランド	0.832
4	スウェーデン	0.820
5	ニカラグア	0.804
6	ニュージーランド	0.799
7	アイルランド	0.798
8	スペイン	0.795
9	ルワンダ	0.791
10	ドイツ	0.787
15	フランス	0.781
19	カナダ	0.772
21	英　国	0.767
53	米　国	0.724
76	イタリア	0.707
81	ロシア	0.706
106	中　国	0.676
108	韓　国	0.672
121	**日　本**	**0.652**

なんと日本は121位

資料：2019年12月　世界ジェンダー・ギャップ指数（世界経済フォーラム）

表2-9 日本のジェンダーギャップ分野別スコア

分野	スコア（順位）	昨年のスコア（順位）
経済	0.598（115位）	0.595（117位）
政治	0.049（144位）	0.181（125位）
教育	0.983（91位）	0.994（65位）
健康	0.979（40位）	0.979（41位）

2018年の順位から大幅に下がっている

資料：2019年12月　世界ジェンダー・ギャップ指数（世界経済フォーラム）

安心であると感じられるようにするには、次のポイントがある。

・住宅の間取り（収納や動線の工夫）
・遮音性（子供が騒いでも大丈夫なもの）
・安全の確保（セキュリティ対策）

　これらに加えて、困ったときにちょっとしたことでも相談できるコミュニティがあると精神的なセーフティネットになるのではないか。これからの賃貸住宅には、孤独を防ぐようなコミュニティの存在が欠かせなくなる。

8. 可処分所得が増えない中での家計

■2019年の消費支出はプラスとなったが…

2019年の２人以上の世帯（平均世帯人員2.97人、世帯主の平均年齢59.4歳）の消費支出は１世帯あたり１か月平均29万３千円で、前年比で実質0.9％増となっている（**図2-33、表2-11**）。2011年の東日本大震災の影響で減少し、2014年は消費税率引き上げ後の反動で減少し、2019年は皇位継承に伴いゴールデンウイークが10連休になったことや、消費税増税前の駆け込み需要により、なんとか前年比増加に転じた。項目別にみると、交通・通信費が４％増、教養娯楽費が３％増、住居費４％減となった。

単身世帯（平均年齢59.0歳）の消費支出は１世帯あたり１か月

図2-33 消費支出の対前年増減率（10年間）

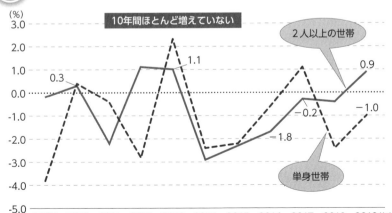

資料：2019年 家計調査報告（収支編）（総務省）

平均16万４千円で前年比で実質1.0％減。項目別にみると、住居費が10％減、光熱・水道費が５％減、教養娯楽費が４％減と、生活を切り詰めている様子がわかる（**表2-10**）。

表2-10　消費支出の費用別　対前年実質増減率

項　　目	総世帯			二人以上の世帯			単身世帯		
	月平均額（円）	実質増減率（％）	実質増減率への寄与度（％）	月平均額（円）	実質増減率（％）	実質増減率への寄与度（％）	月平均額（円）	実質増減率（％）	実質増減率への寄与度（％）
消　費　支　出	249,704	0.1	—	293,379	0.9	—	163,781	−1.0	—
食　　　　料	68,255	−0.3	−0.09	80,461	0.4	0.12	44,263	−1.0	−0.27
住　　　　居	18,364	−4.1	−0.31	17,103	−0.5	−0.03	20,854	−9.8	−1.36
光　熱・水　道	18,485	−3.8	−0.29	21,951	−3.0	−0.23	11,652	−4.8	−0.35
家具・家事用品	9,601	3.3	0.12	11,717	2.7	0.11	5,443	9.0	0.27
被服及び履物	9,514	−0.8	−0.03	11,306	−1.6	−0.07	5,985	4.8	0.17
保　健　医　療	11,886	3.6	0.16	14,010	3.8	0.18	7,712	4.9	0.21
交　通・通　信	36,152	1.9	0.28	43,814	3.8	0.56	21,068	−2.8	−0.37
教　　　　育	7,633	−2.6	−0.08	11,495	−1.5	−0.06	20	—	—
教　養　娯　楽	26,887	1.1	0.12	30,679	3.2	0.33	19,426	−3.8	−0.46
その他の消費支出	42,928	1.1	0.19	50,843	0.4	0.06	27,359	6.6	1.02

資料：2019年　家計調査報告（家計収支編）（総務省）

「可処分所得」とは、実収入から直接税、社会保険料などの非消費支出を差し引いた金額、つまり、自由に使えるお金である。2019年の２人以上の世帯のうち、勤労者世帯の可処分所得の平均は47万６千円で、前年に比べ実質0.4％増加した。2009年からの実質増減率をみると、およそ半分の期間で前年より減少しており、2019年10月から消費税率が８％から10％に上昇していることから、ほとんど増えていない可能性がある（**図2-34**）。可処分所得が増えない状態であれば、家賃設定水準の検討も慎重にする必要がある。

　住居の所有関係別、持家と民間賃貸住宅別で１か月あたりの消費支出を比較した（**表2-11**）。住居費は民間賃貸住宅では家賃が該当

するが、持家の住宅ローンは消費支出に該当しないため、住居費を除く比較となる。ほとんどの項目で、持家居住のほうがやや高くなっている。

図2-34　可処分所得の推移　実質増減率（2人以上の勤労者世帯）

資料：2019年　家計調査報告（収支編）（総務省）

表2-11　住居の所有分類別　1世帯当たりの1か月の消費支出（大都市・2人以上世帯、2019年）

用途分類	持　家	民間賃貸
世帯人員（人）	2.93	2.99
18歳未満人員（人）	0.52	0.80
65歳以上人員（人）	0.90	0.37
有業人員（人）	1.29	1.50
世帯主の配偶者のうち女の有業率（%）	35.5	45.4
世帯主の年齢（歳）	61.5	49.3
消費支出（円）	301,733	316,585
住居	11,461	71,408
光熱・水道	21,827	19,378

第2章

家具・家事用品	11,707	9,019
被服及び履物	12,204	10,649
保健医療	15,484	11,671
交通・通信	39,524	40,446
教育	14,590	13,924
教育娯楽	33,402	25,041
その他の消費支出	59,688	42,101

資料：2019年　家計調査報告（収支編）平均結果の概要

■単身世帯で年収が400〜500万円でも、7割が家賃・地代を支払う

　2人世帯の年収階級別に家賃・地代を支払っている割合が、年収にあまり関係なく10％台のレンジに収まっていることがわかる（**図2-35**）。収入が増えても、賃貸住宅居住が15％前後存在しており、年収に見合った賃貸住宅も求められているのではないか。

図2-35　年収階級別　家賃・地代を払っている世帯の割合・年間消費支出額（2人以上の世帯）

資料：2019年　家計調査報告（収支編）（総務省）

　単身世帯の年収階級別に家賃・地代を支払っている割合をみると、年収階級が400万円以上～500万円未満になるまで、家賃・地代を支払う世帯割合が増加している（**図2-36**）。つまり、収入がある程度あっても、単身世帯の場合は、賃貸住宅を選択していることがわかる。

　今後、よりいっそう、単身世帯の増加が見込まれることから、若者から老年まで幅広い年代、収入層、ライフスタイルに合わせて、さまざまなバリエーションの賃貸住宅を用意することが、入居者確保のキーポイントになる。

図2-36　年収階級別　家賃・地代を払っている世帯の割合・年間消費支出額（単身世帯）

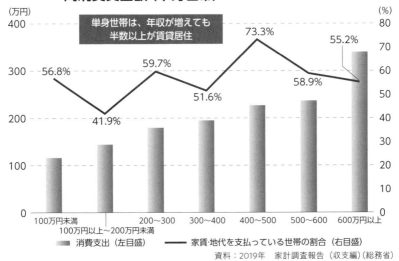

資料：2019年　家計調査報告（収支編）（総務省）

　単身勤労者世帯の男女別の持家率をみると、男性の持家率の平均が29％、女性が41％で、女性のほうが高い。また、年齢層別にみると35〜59歳で女性は半数以上が持家を取得しており、女性のほうが持家志向が高いことがわかる。視点を変えると、賃貸住宅に不安をもっているのかもしれない（**図2-37**）。

図2-37　単身勤労者世帯の男女別　持家率

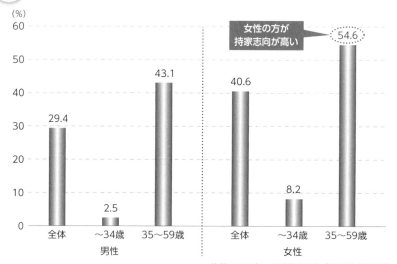

資料：2019年　家計調査報告（収支編）（総務省）

　日本人の可処分所得がなかなか増えないなか、住宅をどのように確保していくのか大きな課題である。持家か賃貸住宅かの問題は、経済的な理由だけでなく、他の多様な理由を含んでいる。ただし、単身世帯の約半数以上が賃貸住宅に住んでいる。日本の社会の中長期的な傾向として、これからも単身世帯が増加することから、賃貸住宅が従来の画一的なものでなく、個性的な住まいも、求められるようになるのではないか。

9. 家計の貯蓄と負債

■貯金100万未満の世帯は全体の12%

　2019年の家計調査報告（貯蓄・負債編）の平均結果報告によると、2人以上世帯の1世帯当たりの貯蓄高の平均値は1755万円で前年比0.2％増加し、4年ぶりの増加となった。世帯年収は、629万円で前年比7万円増（1％増）となった。貯蓄年収比（貯蓄高の年収に対する比）は前年比で2.7％低下し279％となった。ただし、これは貯蓄のある高齢者世帯も含まれている。

　賃貸住宅の入居者層となる勤労者世帯に着目すると、その貯蓄高の平均値は1376万円（4％増）。全体の平均値1755万円よりも379万円も低い水準である。年収は736万円で前年より7万円増（1％）となり、貯蓄年収比は前年比6％増加し187％となっている（**図2-38**）。

図2-38　貯蓄高の推移（2人以上の勤労者世帯）

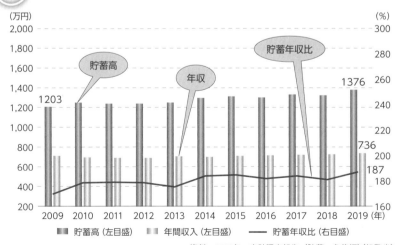

資料：2019年　家計調査報告（貯蓄・負債編）（総務省）

　２人以上の勤労者世帯について、貯蓄高階級別の世帯分布をみる
と平均値は1376万円で、平均値を下回る世帯が７割もある。貯蓄
０円を含めない中央値は801万円で、平均値よりもかなり低くなっ
ており、貯蓄高の低い階級に偏った分布となっている（**図2-39**）。
100万円未満の世帯が12％もあり、何かのリスクで収入が滞った
場合を想定すると、かなり厳しい状況であることがわかる。

図2-39　貯蓄高階級別の世帯分布（２人以上の勤労者世帯）

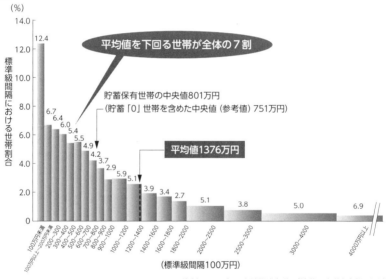

資料：2019年　家計調査報告（貯蓄・負債編）（総務省）

■負債高は855万円で、前年より４％増

　２人以上の勤労者世帯における2019年の世帯当たり負債高の平
均値は855万円、前年比34万円増（４％増）、負債年収比116％で
ある。年収の伸びよりも負債の伸びのほうが大きいため、負債年収
比が増加傾向となっている（**図2-40**）。

図2-40　負債高の推移（2人以上の勤労者世帯）

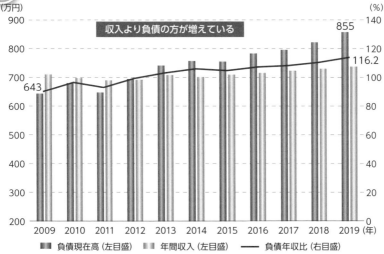

資料：2019年　家計調査報告（貯蓄・負債編）（総務省）

　世帯主の年齢階級別の1世帯当たりの貯蓄高推移をみる。年齢層が上がると、貯蓄高が上昇する傾向がある（**図2-41**）。また、推移をみると40〜49歳未満の世帯が35万円減少したが、他の年齢層はやや増加している。一方、世帯主の年齢階級別の1世帯当たり負債高の推移をみてみると、どの年齢層も増加しているが、40歳未満が1341万円で最も多く、急激に増加している（**図2-42**）。右肩上がりの経済状況ではなく、かつ雇用が不安定となったいま、この傾向についてチェックしておく必要があろう。

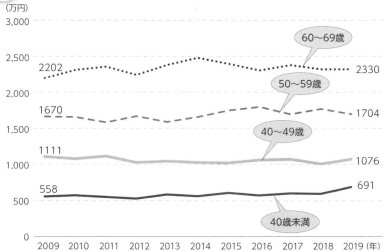

図2-41　世帯主の年齢階級別　貯蓄高の推移

資料：2019年　家計調査報告（貯蓄・負債編）（総務省）

図2-42　世帯主の年齢階級別　負債高の推移

資料：2019年　家計調査報告（貯蓄・負債編）（総務省）

図2-43　年齢階級別　持家率と負債高（2人以上の勤労者世帯）

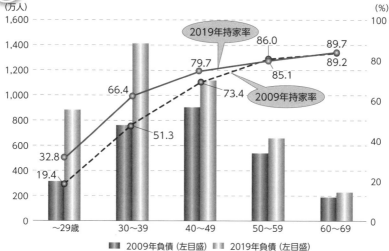

資料：2019年　家計調査報告（貯蓄・負債編）（総務省）

　2人以上勤労者世帯の年齢階級別の持家率と負債高を2009年と2019年で比較したところ、すべての年齢層で持家率が上昇していた（**図2-43**）。

　特に若年層である29歳以下では19％からの33％（13％増）へ、30〜39歳が51％から66％（15％増）へと大幅に上昇した。

　一方で、負債高も29歳以下では、314万円から885万円（571万円増）、30〜39歳は762万円から1417万円（655万円増）と大幅に増加している。

　また、住宅の所有分類別の貯蓄及び負債の1世帯当たり現在高を
みると、負債については、持家のうち住宅ローン返済世帯が1724
万円で最も高くなっている。賃貸住宅については、民間賃貸住宅
124万円、公営賃貸住宅39万円、給与住宅（社宅）141万円となって
おり、150万円未満のレベルであることから、持家の負債の大きさ
がわかる（**表2-12**）。

　現在の不安定な経済環境下で金銭的に余裕をもった暮らしをする
ために、賃貸住宅は重要な役割を果たすのではないか。

　不安定な経済環境では、単に住むための持家取得から、資産形成
を目的とする持家取得が増えるのではないか。そのため、賃貸住宅
化しやすい住宅が求められていくことになるのではないだろうか。
賃貸住宅も持家住宅（賃貸化した持家）と比較される可能性が高い
ため、持家住宅の質のレベルを意識する必要があろう。

表2-12　住居の所有分類別　貯蓄高及び負債高（1世帯当たり）

	持　家	うち住宅ローン返納遅滞	民　間賃貸住宅	公　営賃貸住宅	給与住宅
世帯人員（人）	3.38	3.64	3.12	2.98	3.29
世帯主の年齢（歳）	50.6	46.0	43.0	51.3	43.1
住居の総床面積（㎡）	118.8	113.7	67.3	67.4	70.4
年間収入（万円）	759	792	629	513	891
貯　蓄（万円）	1,474	969	850	747	1,985
負　債（万円）	1,047	**1,724**	124	39	141

資料：2019年　家計調査報告（貯蓄・負債編）平均結果報告（総務省統計局）

10. 20年前よりも低い世帯の所得

■平均所得金額は552万円、中央値は437万円

　国民生活基礎調査によると2018年の１世帯当たりの平均所得金額は「全世帯」が552万３千円（前年比0.1％増）、「児童のいる世帯」は745万９千円（前年比0.3％増）、「高齢者世帯」は312万６千円（前年比6.7％減）となっている（**図2-44**）。どの種類の世帯も約20年前の1997年の水準を超えていない。

図2-44　１世帯当たり平均所得金額の推移

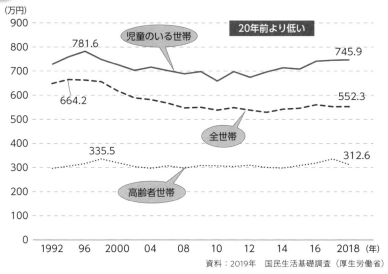

資料：2019年　国民生活基礎調査（厚生労働省）

　平均所得は552万３千円だが、中央値（所得を低いものから高いものへと順に並べて２等分する境界値）は437万円である（**表2-13**）。
　つまり、全世帯の50％が437万円以下の所得となっている。平均値だけでなく、分布状況も確認していかないと全体像はわからない。

表2-13 世帯の所得金額の中央値と平均所得の金額

	中央値	平均値
1997年	536万円	657万円
2008年	427万円	547万円
2018年	437万円	552万円

資料：2019年　国民生活基礎調査（厚生労働省）

次に、所得の分布状況を1997年、2018年で比較すると、1997年から2018年にかけて、100～400万円未満の層が増加している（図2-45）。逆に400万円以上の層が減少している。この20年間で、世帯の所得金額だけみると、日本は貧しくなっていることがわかる。

平均所得金額も1997年に657万円から2018年に552万円となり、105万円下落している。

図2-45 所得金額階層別　世帯数の相対度数分布

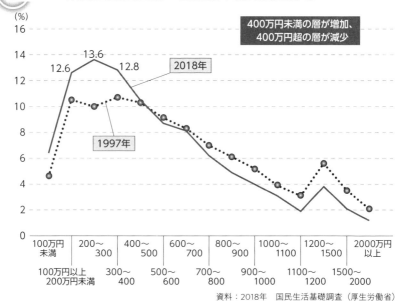

資料：2018年　国民生活基礎調査（厚生労働省）

世帯主年齢階層別平均所得の推移をみると、「29歳以下」は2018年は362万円、1997年は317万円で45万円の増加、「30～39歳以下」

は2018年は615万円、1997年は605万円で10万円の増加となっている。一方、「50〜59歳」は、875万円から756万円となり119万円もの減額である（**図2-46**）。この20年間で年齢層間での平均所得の差が縮まってきており、年功序列の給与制度が変化していることがうかがえる。

第2章

図2-46　世帯主年齢別　平均所得金額の推移

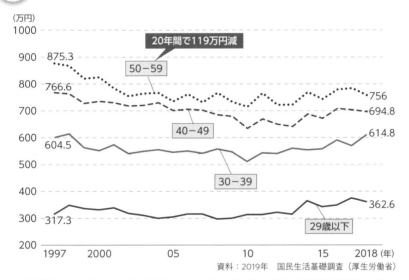

（万円）

20年間で119万円減

50−59

40−49

30−39

29歳以下

875.3
766.6
604.5
317.3

756
694.8
614.8
362.6

1997　2000　05　10　15　2018 (年)

資料：2019年　国民生活基礎調査（厚生労働省）

　賃貸住宅の主な入居者層となる単身世帯の男女別平均所得金額の推移をみると、男性は2018年は348万円で1997年の351万円と比較すると3万円の減額である。女性は、2018年は216万円で1997年の221万円と比較すると5万円の減額である。20年前と比較すると男性も女性も減少していることがわかる。(**図2-47**)。

　単身世帯数の増加傾向は今後も続いていくが、収入が増えるかどうかは未知数である。賃貸住宅事業の計画の段階で、今後の所得状況を予測することは難しいが、現状把握はしておきたい。

図2-47　男女別単身世帯　平均所得金額の推移

（万円）

- 409.8
- 351.1
- 男性の一人暮らし
- 348.1
- 女性の一人暮らし
- 221.5
- 216.2

1997　2000　05　10　15　2018（年）

資料：2019年　国民生活基礎調査（厚生労働省）

■6人に1人は貧困、子どもの7人に1人が貧困

　日本の貧困の状況を確認する。

　「貧困率」とは、OECD（経済協力開発機構、加盟37カ国）の作成基準に基づいて算出したものである。「等価可処分所得」（世帯の可処分所得を世帯数の平方根で割って調整した所得のこと。所得のない子ども等も含め、全世帯員に割り当てられる）の中央値の半分の額を「貧困線」と定義し、この「貧困線」に満たない世帯員の割合を「相対的貧困率」という。つまり、標準的な所得の半分未満で暮らすのが「相対的貧困」といえる。

　政府は「相対的貧困率」（貧困率）を2009年に初めて公表した。OECD加盟37カ国の平均より悪い水準となっている。

　2018年の「貧困線」は127万円となっており、127万円未満で暮らす貧困率は15.4％で、約6人に1人は貧困という状態となっ

ている。また「子どもの貧困率」（17歳以下）は13.5％で、なんと子ども7人に1人は貧困の状態で生活している。

　また、「子どもがいる現役世帯で大人が1人」の世帯員の貧困率は、48.1％、「子どもがいる現役世帯で大人が2人以上」の世帯の貧困率は10.7％である。ひとり親世帯の貧困率が48％と高い状態となっており、30年以上高いままである（**図2-48**）。

図2-48　貧困率の推移

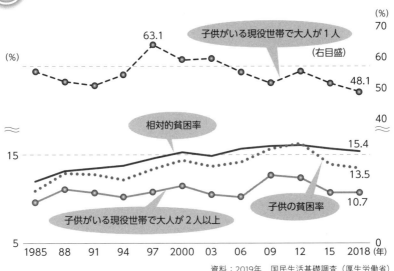

資料：2019年　国民生活基礎調査（厚生労働省）

　ひとり親の状況をみると母子世帯のほうが、就業状況、平均年間収入などでもわかるようにかなり厳しい状況である（**表2-14**）。

　母子世帯、父子世帯別の住居所有状況をみると、母子世帯の33％が賃貸住宅に居住している（**表2-15**）。3組に1組が離婚する時代であるため、誰でもひとり親になる可能性がある。住宅は生活の基盤であり、安心して住み続けることができる住まいが必要な時代になってきている。

表2-14　母子世帯と父子世帯の状況

世帯数 ［推計値］	母子世帯 123.2万世帯 (123.8万世帯)	父子世帯 18.7万世帯 (22.3万世帯)
ひとり親世帯になった理由	離婚 79.5%（80.8%） 死別　8.0%　（7.5%）	離婚 75.6%（74.3%） 死別 19.0%（16.8%）
就業状況	81.8%　（80.6%）	85.4%　（91.3%）
就業者のうち　正規の職員・従業員	44.2%（39.4%）	68.2%（67.2%）
うち　自営業	3.4%　（2.6%）	18.2%（15.6%）
うち　パート・アルバイト等	43.8%（47.4%）	6.4%　（8.0%）
平均年間収入 　［母又は父自身の収入］	243万円（223万円）	420万円（380万円）
平均年間就労収入 　［母又は父自身の就労収入］	200万円（181万円）	398万円（360万円）
平均年間収入 　［同居親族を含む世帯全員の収入］	348万円（291万円）	573万円（455万円）

※（　　）内の値は、前回（2011年度）調査結果を表している。
※「平均年間収入」及び「平均年間就労収入」は、2015年の1年間の収入。
※集計結果の構成割合については、原則として、「不詳」となる回答（無記入や誤記入等）がある場合は、分母となる総数に不詳数を含めて算出した値（比率）を表している。

資料：2016年度　全国ひとり親世帯等調査結果の概要

表2-15 母子・父子世帯別の住居所有状況

	持ち家		借家等					不詳
		うち 本人名義	公営 住宅	公社・ 公団住宅	賃貸 住宅	同居	その他	
母子世帯	35.0	15.2	13.1	2.3	**33.1**	13.2	2.7	0.6
父子世帯	68.1	49.4	7.4	0.2	**11.4**	10.4	2.0	0.5

資料：2016年度　全国ひとり親世帯等調査結果の概要

　経済環境の変化や家族構成の変化があったとしても、生活基盤である賃貸住宅に安心して住み続けられるよう、引越で対応できるよう住宅のバリエーションを増やす、生活をサポートできるよう行政との連携構築、何かあった場合のコミュニケーション手法の採用など、さまざまな準備が賃貸住宅オーナーとして必要となる。これから、賃貸住宅事業は、入居者を多面的にサポートする総合サービス事業に変貌していくことになるのではないか。

第2章

第3章

「これからの賃貸住宅」とまちづくりのために必要なこととは?

「これからの賃貸住宅」とまちづくりのために必要なこととは?

「住まい」はどこに向かうのか

　この混沌の世の中において、住宅はいかにあるべきか——。戦後から高度成長期、そして数々の激甚災害を経たわが国において、住宅に対する課題は絶えず変化し、アップデートを求められてきました。そこへ来て今回のコロナ禍。多くの人々が「住まい」や「暮らし」について、改めて考え直す時期を迎えています。これからの住まいの課題とは、そして賃貸住宅の可能性とは。気鋭の専門家2人をゲストに迎え、ヒントを語っていただきました。

（於：2020年5月12日住宅改良開発公社会議室よりリモートで開催）

対談者
大月敏雄さん
（おおつき・としお）
東京大学大学院工学系研究科
建築学専攻　教授

対談者
大島芳彦さん
（おおしま・よしひこ）
株式会社ブルースタジオ専務取締役
大阪工業大学客員教授

ファシリテーター
生亀孝志さん
（いき・たかし）
一般財団法人 住宅改良開発公社
理事長

大月敏雄　1967年福岡県生まれ。東京大学工学部建築学科卒業、同大学院博士課程単位取得退学。博士（工学）。横浜国立大学工学部建設学科助手、東京理科大学工学部建築学科准教授を経て現職。専門は建築計画、住宅地計画、住宅政策。著書に『近居 少子高齢社会の住まい・地域再生にどう活かすか』（編著、学芸出版社）、『集合住宅の時間』（王国社）、『町を住みこなす－超高齢社会の居場所づくり』（岩波書店）、『住宅地のマネジメント』（建築資料研究社）『「住む」ための事典』（編著、彰国社）ほか　設計作品等に「東日本大震災コミュニティケア型仮設住宅（遠野市穀町、釜石市平田地区）」「サービス付き高齢者向け住宅地　ほっこり家」「大熊町大川原災害公営住宅（デザイン監修）」などがある。

大島芳彦　1970年東京都生まれ。2000年からブルースタジオにて「Re＊innovation リノベーション」を旗印に、遊休資産の再生・価値最大化をテーマとした建築企画・設計、コンサルティング事業を起業。近年では団地再生、中心市街地再生など都市スケールの再生プロジェクトなどにも取り組む。
一般社団法人リノベーション協議会理事、副会長。2015年「リノベーションスクールを通じた人材育成と地域再生事業」日本建築学会教育賞 受賞。
2016年「ホシノタニ団地」グッドデザイン金賞（経産大臣賞）受賞。家業である不動産管理会社、大島土地建設株式会社の3代目代表取締役。

生亀孝志　1975年建設省（現国土交通省）入省。国土交通政策研究所所長、（一社）日本建設業連合会専務理事を務めた後、2018年7月住宅改良開発公社理事長に就任。

住宅をめぐる「モチーフ」は今、どこにあるのか

生亀 まず、私から問題提起をさせていただきます。我が国の住宅問題の変遷を最初に振り返ろうと思います。

　住宅改良開発公社の設立は昭和30（1955）年です。この当時、「戦後の住宅政策の三本柱」といわれた「公庫融資」「公営住宅」「公団住宅」が創設されました。背景には、戦後の絶対的な住宅不足すなわち、世帯数が住宅戸数を上回る状況がありました。政府は「住宅建設五箇年計画」により住宅建設を進め、昭和48（1973）年には全都道府県で住宅戸数が世帯数を上回り、統計上では住宅不足が解消するに至ります。こうした状況下で、次は「量から質へ」という方向性が打ち出されます。最低居住水準に見られる、広さ、さらには日照、通風など住宅環境の課題に焦点があてられるようになります。そして平成7（1995）年の阪神淡路大震災を経て、耐震や断熱といった性能面が重視されました。平成18（2006）年、住宅ストックが充足したことから「住宅建設五箇年計画」はその役割を終え、同年「住生活基本法」が施行されることになります。同法は「住生活の安定の確保と向上」が主要テーマとなるわけですが、このように、住宅をめぐる「モチーフ」——つまり課題、コンセプトは変遷の一途をたどってきたのです。

　ところで、「いずれは持ち家」という考えが長らく国民の意識や政策の底流にあり、どうも賃貸住宅は「持ち家に至るまでの過程」と捉える向きがありました。一方、少子高齢化や人口減少が顕著となり、それから、カーシェアリングに例えられるような「持つ」より「使う」を重視する考え方など、従来の意識に変化が起きているようにも思えます。そういったことを踏まえた時、住宅をめぐる「モチーフ」はどこにあるのか、そして賃貸住宅は特性をどう活かせるのか、といった点についてお二人にお伺いしたいと思

第3章

います。まず、大月教授、いかがでしょうか。

住宅の質を担保するものは住宅の重設備化以外にもあり得る

大月　まず、戦時中から日本の住宅政策は「数を何とかしよう」という理念を第一番目に掲げ続けていましたが、住宅不足が数の上で70年代前半に解消してからは、「量」より「質」と言われるようになりました。ところが、その「質」とは何かというのが問題です。当初言われていた質とは、部屋数や面積のことだったんです。そこで、誘導居住水準や最低居住水準をつくって対応に当たりました。80年代以降は、ようやく性能の向上に舵を切ります。この方向性は今も続いていて、品確法（公共工事の品質確保の促進に関する法律）が1990年代につくられます。また、環境問題にも対応すべく、住宅そのものがどんどん重設備化して、現在に至っています。

　私は建築学科の教員をやっていて、学生に住宅の設計を教えておりますが、今の新築住宅に一般的に求められているものは何かというと、設備面が大きなウェイトを占めています。「機械をどれだけ住宅の内部にくっ付けていくか」ということが、住宅の質を高めると、一般的には信じられているようです。しかし、果たして本当にこれが、日本人の多くの人が真に求めている方向なのかを、今更ながら考えなければいけないのではないか、と思っています。質を担保するものは、住宅の重設備化以外にもあり得るのではないかということです。

　一方で、住宅政策に関しては、1990年代から「公共事業批判」が全国的に出てきます。これを踏まえ、「住宅建設計画法」という国土交通省住宅局の住宅政策の根幹の法律を変え、平成18（2006）年に「住生活基本法」という法律をつくるわけですね。

住宅の生産と流通を、公共主導で差配していくやり方から、市場
経済に差配を任せるやり方に移行する。そうして、うまくいかな
かったところは住宅セーフティネットで補完しようとする枠組み
です。

　こうした中、住宅市場の大きな一角である住宅産業界は、ICT
（情報通信技術）やAI（人工知能）、IoT（Internet of Things、
物のインターネット）などといった用語を駆使しながら、住宅の
機械化を促進してきた側面があります。こうした流れは、当然、
ウィズコロナ社会の基盤であるリモート執務環境をサポートする
という意味では、大きな意味を持っているとは思いますが、どこ
まで住宅の重設備化を進めるかというところは、よく考えていか
なければいけないところかなと思っております。一方で、こうし
た高価な重設備化住宅が手に入らない人々のための住宅政策も重
要で、そのための住宅セーフティネットに関わる法整備も進んで
きています。「住宅セーフティネット法」や「高齢者住まい法」に
よって、サービス付き高齢者向け住宅や、福祉向けの空き家登録、
あるいは地域福祉と連携しながらの居住支援協議会などがそうで
すね。

　つまり現在、住宅政策という意味では、市場経済をどう活性化
していくかという20世紀から日本が得意としてきた方面と、その
対として、住宅セーフティネットを福祉と連携しながら「居住」
政策として推進するという両輪で、日本の住宅政策は動いている
と思います。

　そうした中で、多くの日本人の、特に新しい世代の人たちが、
どちらを向いているかという点に注目すると、そのどちらにも向
いていないのかもしれません。市場経済の住宅にも向いていない
し、セーフティネットにも向いていない。かつてDINKS(Double

第
3
章

Income No Kids）と言われ、今ではパワーカップルと呼ばれる
ような人々にとっては、市場経済による住宅生産流通は、依然と
して大事なことでしょうが、通常の低賃金ファミリーに目を向け
たような市場がうまく形成されているとは言い難いと思います。
逆に、自然災害や今回のコロナ禍のように、社会の歪みを少し受
けてしまうだけで、居住の場を失ってしまう脆弱性の高い環境に
いる人々が増えているのは確実だけど、通常は、誰しも自分が居
住の場を失うとは思っていません。恒常性バイアスです。

　そして今、我々の目の前で今起きつつあるのは、空き家がどん
どん増えつつあることと、それらの空き家が、なかなか市場物件
として出回らないことです。自分のお父さんやお爺ちゃんの世代
が、一生かけて借金してつくった戸建て住宅やマンションの空き
家が、うまく回らないために、低賃金の一般家庭が、市場経済を
介した居住の場の獲得や、住宅セーフティネットを介した居住の
場の獲得とは、異なる次元に置かれていて、いわゆる住宅政策の
主たるターゲットになり得ていないような気がします。

**「住宅を借りて自分の身の丈にあった環境につくり変えていく」
賃貸マーケット**

大月　そうしたなか、2000年代に入ってからは「ブルースタジオ」
の方々や「東京R不動産」の方々などが、新しい旗を振りながら、
目の前にあるストックにリノベーションという一種の「魔法」を
かけることによって、今まで誰も見向きもしなかった新しい市場
を開拓してきたのです。この新しい市場というのは、20世紀の
動きそのままの市場じゃなくて、皆が「少し頑張ったら、今まで
よりも豊かになれる、お洒落になれる」というような感じの市場
であり、「最大限重設備化をして最大限利益を上げよう」という、

既存の新築住宅市場とは異なる市場です。そこでは「住宅を所有する」ではなく、「住宅を使う」ということがテーマになっていますが、そこが、これまでの住宅市場や住宅セーフティネットにとっても、不得手な部分だったんです。

　若い人たちの多くが「良いな」と思っているのは、「他人から住宅を借りて、自分の身の丈にあった環境につくり変えていく」という、賃貸マーケットだと思います。このマーケットは、現状ではまだまだ充分には耕されていない。これからどんどん耕していくべきフィールドになっていくと思います。私たちのようなバブル期を知る世代だと、「住宅をお洒落にする」ことはすなわち、高価なイタリア家具を配置すること、のような感覚が主流だったかと思いますが、今の若い人々はそうではありません。DIYのように、ちょっと手を加えてみる。例えば、流木のような無料で手に入るものを並べてみて、色を塗って、光を当ててみる。すると、「すごくカッコいいじゃん」と、SNSで自分の気に入った人たちに褒めてもらうんですね。こうした、身の丈にあった生き方が良いとされているように思います。全国規模の住宅市場が大企業の商品開発室で議論しているものとは違った形で、モノが評価されている。こうした、まだまだ耕せる「草刈り場」が、賃貸住宅の世界にはたくさん残っているのではないでしょうか。

　「いや、パワーカップルは、湾岸のタワマンにこぞって住んでいるじゃないか」という意見もあるでしょう。でも、湾岸のタワマンに住むのが「人生の上がり」と思う時代は、僕はそんなに長く続かないんじゃないのかな、という気がしています。特に、ポスト・コロナの時代になると、そこを終の住処にしようという意識は減速するのではないかと思います。

第
3
章

「終の棲家」的な概念は著しいスピードで希薄化

生亀　大島さんは、これからの住宅を考えたとき、課題はどのあたりにあると考えておられますか。

大島　「リノベーション」という旗を掲げ「ブルースタジオ」を約20年やってきて、この20年間にだいぶ状況が変わってきたとの認識があります。当時、「変わり者の発想」だったことが、かなり一般的な選択肢に上がってきました。今、「中古・新築」ってあまり関係ないんですね。「家」の概念が変わったのだと思います。「量」から「質」というお話がありましたが、大月先生がおっしゃる通り、その「質」とは建物単体の機能が多機能で高機能か、ということにフォーカスされているけれども、今、住宅を欲する若い世代は、それが「質」だとは思っていない。暮らしの「質」は、住宅の「質」じゃないのは明らかなのではないのかなと思うんですね。様々な場で「中古住宅流通の促進」といった話があるのですが、若い世代は中古住宅を中古住宅とも思っていない。ただ単に暮らしの「器」としか思っていないんです。だから「今、中古住宅がイケている」とさえも思っていない。自分の暮らす場をどこに位置付けるのか。「住環境＝住宅環境」ではないのだと思います。じつは、「暮らし」はすべてを包括している概念なんですよね。

　コロナ禍で「オン、オフがなくなった」という現象もあると思うんですけれども、「暮らしの場」としての住宅と、「職場」としての都心オフィスという感覚も、おそらく無くなりつつある。「暮らし＝住宅」ではないし、「暮らし」という言葉が内包している概念には「仕事」も含まれる。そんな時代になってきていると思います。

　では、今の若い世代が住宅をどう見ているか。「住宅すごろく」

の上がりである持ち家、「終の棲家」的な概念は、著しいスピードで希薄になっている気がします。人生の目標として「持ち家」と答える方はだいぶ少なくなったのではないか。「終の棲家」が「持ち家」という感覚は残される人にしてみれば意外と迷惑な話。「終の棲家」も後のことを考えないと、「誰がそれを処分するんだ」となってしまうわけで。近年の価値観として「家を手に入れる」ということ自体が、人生の目標というよりも、「生涯資産」形成の多様な手段の中の一つの側面として捉えられるようになってきているなと思います。

「住宅資産」は流動化できる資産となる

大島 資産とは運用するものです。守るものではないですよね。私たちは中古住宅に関わってきていますけれども、東京の場合、2017年に中古マンションの成約数が新築マンションの供給数を上回るなど中古住宅はかなりポピュラーな住環境の選択肢になってきています。中古マンションとは特に築古のものであれば、40坪以上もあるような分譲マンションというのは非常に少なく、だいたい大きいものでも30坪未満です。中でも20坪前後でコンパクトなサイズの中古マンションが多い。中古マンションを購入する人は合理主義で自由主義な人が多いものです。都心立地で小ぶりでリーズナブルな中古マンションは運用しやすい資産なんです。新築プレミアムの乗った高価な大型新築マンションを購入するよりも、価格的にも大きさ的にも程良いサイズの空間を、自分なりにカスタマイズして暮らすのは小気味良いものです。私たちのお客様で中古マンションを買ってリノベすると言う方は30代前半・中盤あたりの方が多いわけですが、20坪前後の中古マンションを購入して自分なりにリノベーションして暮らしはじめ、

リモートによる座談会

　その数年後には子どもが生まれ、子どもが大きくなると賃貸に出す売却するなどして次のライフステージに駒をすすめます。つまり最初の購入段階から近い将来運用できるか流通しやすいかどうか、そんなことを考えている方が殆どなんです。この考え方は「終の棲家」ではないですね。人生の、その時のフェーズの中で、最も合理的で理想的な自分達らしい住環境を手に入れると言う感覚です。

　中古マンションの例は分かりやすかったので挙げましたが、このように、住宅資産に対して「固定資産」ではなく運用し流動化できる資産、「流動資産」という見方をする。そういう視点は決して大多数になるわけではないのですが、この住環境の選択肢は10年ほどでだいぶ社会に定着してきた感があります。

賃貸住宅に多様な人生フェーズにおいて必要とされる個性的な役割がある

大島　流動資産派の人々が、どんな家探しをしているかというと、実は家を第一に見ていない。暮らしの総合的な環境として地域をまず重視するんです。中古住宅の場合、業者の都合で販売されている新築と違い、地域から住みたい環境を選ぶことができます。流動資産派の人たちにとって、先々は住み慣れたお気に入りの地域で住み替えをしていくことが理想です。となるとその地域では、どんな多種多様な「住みこなし」が展開できるのか。多様性を持った地域がこれからのまちの魅力の指標になる気がします。「ベッドタウン」のような単一機能のまちではなく、持ち家の庭付き戸建てもあれば、個性的な賃貸住宅もある。小さなオフィスもあれば商業施設もあって、といったように……。

　賃貸住宅という存在には、その地域を住みこなしたり、住み替えたりする上で、生活者の多様な人生フェーズにおいて必要とされる個性的な役割があるのではないでしょうか。かつては、持ち家取得までの「仮住まい」、「かりそめの家」に過ぎなかった安普請の賃貸住宅が、今はそうで無いものが増えてきました。賃貸住宅が若い人たちだけのものではないということも重要なポイントですね。高齢者のための賃貸住宅、それは決して「サービス付き高齢者向け住宅（サ高住）」や介護付きのホームだけではなく、サービスを受ける必要がまだない元気な高齢者の中には共同住宅、賃貸住宅に住むほうが楽しいし安心だし合理的だと考える方も増えてくるわけです。お持ちになっている住宅を売却あるいはリバースモーゲージのような方法で現金化し、次の住環境に住み替えていくという感覚が、もっと根付いてくれば、賃貸住宅にはより多様性が求められるようになってくるのではという気がしています。

第
3
章

現代の「近居」という住まい方

生亀 大島さんから「住みこなせる環境、地域」という言葉が出てきました。大月先生の著書『町を住みこなす』(岩波新書)の中で、同居・別居に並んで「近居」という住まい方の概念を提示しておられます。大月先生、この「近居」という提案では、「超」がつくほどの高齢社会における住まい方の一つという意味付けを重視されていると思います。地域社会の維持、活性化という切り口から、「近居」の意味、効果をどう見ておられますか。また地域・社会の中での住宅、特に賃貸住宅の位置付け、役割をどう見ておられますか。

大月 「近居」に近い政策でいえば、1970年代、公営住宅の階段室の左右に一戸ずつ住戸があるような「2戸1階段」の場合、例えば右に親家族が住み、左に子ども家族が住んで、「隣同士に住むなら家賃をまけてあげるよ」というな政策が、いくつかの地方自治体で生まれました。つまり「隣居」ですね。その頃から、近居については注目されていたのだと思います。

　私自身は、30年近くいろいろな人の住まい方についてインタビューしてきて思ったのは、こうした「近居」がやたら多いということでした。ところが、住宅政策や大学の研究の場で、「近所に親戚や兄弟・親子が住んでいて、助け合う、やり取りし合うことを前提に住環境を考えましょう」などと言っている人は、ほぼいなかった。ところが、都心の築20年ぐらいの超高層マンションに聞きに行くと、約1割の人が「近居」していたりするんです。同じ棟のなかに親類がいる。息子がいる。おじいちゃんを田舎から呼び寄せた。そういう人がいる。そういうことは、我々が住まいやまちの計画を考える時には、前提とされてこなかったんです。

　こうしたことから、「近居」って面白いなと思って調べ始めたら、

じつはいろんなニュータウンでも「近居」が行われていることが
わかってきました。ニュータウンは1970年代や80年代に建った
戸建て住宅がバーッと並んでいたりします。ところが、比較的多
くの子どもたちがそれを継がない。そうするとニュータウンは、
おじいちゃん、おばあちゃんだらけの町になっていく。ところが、
いくつかのニュータウンを調べると、たまに、Uターンして子ど
も世帯が戻ってきて住んでいる例がありました。子ども世帯は夫
婦共働きで、子どもの面倒を見てくれる人を探している。でも、
容易には保育園は見つからない。そこで、自分の出身のニュータ
ウンでまだ元気でいる親に頼って、親の近くに住んで生活を成り
立たせるんです。親も、まだまだ元気な人が多いので、孫の世話
をしながら、いずれ自分が歳をとったら、子どもたちに少しぐら
い面倒を見てもらおうかな、と。家族が生きる戦略として、そう
いう事象が自然発生的に成り立っていたんです。

　これを町のレベルで見ると、「超高齢限界団地」になりかけの
町に、「近居」という形態で若い世代が来てくれれば、地域全体
が若返るわけですね。そういうことをまちづくりの戦略として
もっとやればよい。そういう要素を住宅政策に盛り込むべく、
2014年に『近居―少子高齢社会の住まい・地域再生にどう活か
すか』（学芸出版社）を出版し、「近居」の考え方を利用した住宅
政策やまちづくりを提唱しています。

　なぜ、近居が最近注目されるのか。それは僕らのような昭和生
まれの人たちと、若い人とでは、おそらく相当、価値観が違って
いるからではないかと思っています。旧い人は、人間も社会も、
そんな滅多にコロコロ変わるものではない、という感じで生きて
いるのではないでしょうか。昭和20（1945）年の敗戦の年から、
阪神大震災の平成7（1995）年まで、ちょうど50年ありますが、

この間、社会も人もそんなに変わらなかった。ほぼ一本調子でいい時代だった。ところが、1995年から今年までのたった25年で、阪神・淡路大震災、リーマンショック、東日本大震災と福島原発のメルトダウン、そしてコロナが起きました。この時代に生まれ育った人が何を考えるか。それは、「世の中は安定していないんだ」。「自分なりの安定の仕方を、国に頼るのではなく自分で見つけないといけないんだ」。ということを相当に考えていると思うんです。

「ズッコケそうになったら家族を頼ろう」と思ったところで、平均的に3組に1組は離婚するようになりました。子どもたちの多くは、親または兄弟、親戚の誰かが離婚するのを目の当たりに経験している。だから、社会、自分の生活を維持安定していくための前提条件が、相当違うんですね。大人たちは国家や社会の仕組みといった「大きなもの」に頼りがち。でも、若い人たちは「自分自身で何とかしないと、何もアテにならない」と考えているように見える。だから、自分たちを守る戦略として自然と「近居」が出てきているのだと思います。

「近居」が行われやすい町とは

大月　では、どういう場所でなら「近居」ができるのか。考えてみると、湾岸の超高層タワーがいっぱい建っているような所では難しい。既にお金持ちばかりが住む高級住宅地でも、それは叶いそうにない。ならばどこなら可能なのか。東京で端的に言うと、今はなかなか住めないけれど「谷根千」（谷中・根津・千駄木エリア。東京・台東区の古き良き町並みで有名なところ）みたいな町だと思うのです。ちょっとしたマンションもあれば、しがない木造賃貸アパートもある。家以外にも、小さな気の利いた小売店、喫茶

店、飲み屋、何でもある町です。ああいう包容力の高い町であれ
ば、いろんな住宅の多様性があるし、しかも多様な商店のおかげ
で、いろんな人々がいろいろなライフスタイルで住める。子ども
たちは路地で遊べるし、じいちゃん、ばあちゃんたちも、路地が
あれば日向ぼっこができる。お父さんお母さんも都心に近い。今
は地価が相当高くなってしまったけど、この「谷根千のような」
居住環境と、自分の生活を安定して成り立たせたい人々の思いが
合致する所は、郊外の戸建て住宅ではないのではないかと思うの
です。

　「近居」という現象だけに着目するより、「近居」が行われやす
い町や居住環境とは一体何か、を考えることが、「住みこなせる」
地域をつくっていくことだと思います。

日常の生活に「賑わい」がある

生亀　「近居」ができる街・地域、そういうところからアプローチ
していくと、住宅には何が求められているのかということに行き
着くのではないか、ということに気が付きました。ところで大島
さんはいろんな既存住宅のリノベーションなどを通じ、地域の賑
わいを呼び戻すプロジェクトを数多く手がけられています。そう
いったプロジェクトを着手される際、最初に考えること、理念・
コンセプトはどこに置いておられるでしょうか。

大島　「賑わい」という言葉は、地方自治体がよく使う言葉で、「目標」
として掲げたりするわけですが、「地域の賑わい」って「目標」じゃ
ないんですね。「結果」なんです。そのための「手段」であり、「目
標」と定めてしまっては長続きしないんですよ。「賑わい」だけ
を「目標」としようとすると、イベント連発みたいなアホなこと
をやることになってしまう。「賑わい」には持続性が必要です。「ど

んちゃん騒ぎしていることが賑わい」ではない。では、何が「賑わい」か。それは、地域の人たちが自分たちの地域に誇りを持って、その地域を日常的に使いこなしている、活き活きと住みこなしている姿だと思うんです。「非日常」の賑わいではなく「日常」の賑わいです。ある地域の方から地域活性化のためのアイデアを求められたとき、まず「名物や観光資源と言われているものではなく、その地域の当たり前の日常生活の中に価値を見出してみましょう」と言っています。その地域の日常、当たり前だと思っているものの中に誇りとなりうる相対的な価値を見出していく。そんな観点から地域の方々とまち歩きをしてみます。日常のなかに実は地域における貴重な独自性が眠っていることは多々あります。例えば、日々食卓に上がる味噌汁や醤油の味のように、その地域の人は当たり前だと思っているものが、じつは地域性が非常に豊かだったりすることと一緒です。街の骨組みである景観自体にも住んでいる人たちが気付いていない素晴らしい日常がある。想像力を豊かにしてそこにまず気付くことです。

　建物のリノベーションもじつは同じことなんです。頻繁に受けるご相談は所有する収益不動産の活用、運用のコツ、アイデアなどについてですが、大抵のオーナー、大家さんは、今まで（先代までは）管理会社など人に任せっきりだったというケースがほとんど。そんな中で人口減少による賃貸市場の先行きが不透明な今、一括借り上げ、サブリース、のようなお任せ資産運用プランなどに不信感、不安を抱く人が増えてきているのでしょう。ご相談に対して「まず建て替えありきで考えるのは辞めましょうね」と申し上げます。もちろん、場合によっては建て替えが最善策かも知れません。ただ改修やマネジメントの手法も含めた様々な可能性から戦略的に答えを導き出すべきですと。

「あなたでなければ」「ここでなければ」「いまでなければ」を明らかにする

大島　その資産——賃貸住宅であれば提供する住環境自体——が、選ばれる住環境になり得るために、建物のハード面だけの投資でこれを賄おうとすると投資効率は悪くリスクは高くなりがちです。高機能、高性能、あるいは斬新なデザインと呼ばれる住宅も経年と共に消費され、数年後には更なる投資をしなければならない。高額な初期投資を長期に渡って回収する必要がある収益不動産経営にこのやり方は相応しくありません。

　肝心なことは長期にわたり入居者に支持される住環境を作るということ。そのために明らかにすべきポイントとして私がクライアントと共にまずすること、それは「あなたでなければ」「ここでなければ」「いまでなければ」の３点における「でなければ」の整理です。この３点において何がオンリーワンとなりうるのか。それをしっかり手がけることによって完成する商品（住環境）は入居者からの共感を勝ち得、オーナーのみならず入居者と共に育てることが可能なサスティナブルな住環境価値を手に入れることになるのです。

　「あなた」は人であり登場人物、「ここ」は場所であり舞台装置、「いま」は時間でありシナリオです。この３点をしっかり整理することによってプロジェクトには一貫性のある「物語」が生まれるのです。これを僕らは「物件」を「物語」に昇華させるプロセスと呼んでいます。

生亀　そういった物語を紡ぐなかで、採算性を織り込んでいきながらプロジェクトを組み立てていくイメージでしょうか。

大島　「不動産収益事業の採算性」とは持続性であり、長期間生活者に支持される住環境づくりに他なりません。新築の時に成立し

ている利回りが本当に30年続くんですか、ということです。建物のライフサイクルコストの検証と合わせて、マネジメントの観点からも生活者の住環境に対する共感と愛着を育む「オンリーワン」の物語づくりはプロジェクトづくりの段階から必要不可欠な作業と言えます。

アフターコロナの世界の中での賃貸住宅

生亀　既に何度かお話に上がりましたが、2020年は新型コロナウィルス感染症の拡大という未曾有の事態に見舞われています。ところで、今の事態が生じる前ですが、最近5年間に住み替えた人が、どんな目的で住み替えたのか、というアンケート調査があります。これを見ていくと、「通勤・通学の利便性」と答えた人が、10年前では9.0%、それが、どんどん増えて、2018年は35.9%。とても重視されてきています。かたや、「広さや部屋数」という答えは、20%前後で、ほぼ横ばいです。（※グラフ参照）

図3-1　最近5年間に実施した住み替えの目的（複数回答・主なもの）

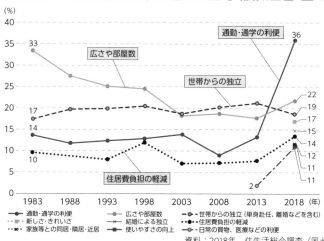

資料：2018年　住生活総合調査（国土交通省）

　「住居費の負担」という答えはここ5年で急激に上がっています。「通勤・通学の利便性」がここ最近、重視され、湾岸のタワーマンションに人気が出てきているというのもそんな背景にあるのかな、と思います。一方で今般の感染拡大、そして「外出自粛」という事態のなかでの過ごし方を見てみますと、「住宅」に対する要求、考え方は、これまで以上に大きく変わるのではないかとも思います。この感染拡大、外出自粛といった、生活・仕事のやり方を変えざるを得ない事態が、我々の生活・労働、社会全体にどんなインパクトを及ぼすのか、とりわけ賃貸住宅に絡んでどんなインパクトを与えるとお考えでしょうか。

大月　このデータが示すところは、「ここ5年で通勤・通学のために利便性を求めて引っ越しました、という人がとても多かった」、ということですよね。ところが今、我々が直面しているコロナの世界は「家の中で仕事せよ」という世界です。リモートワークが可能な人は、就業者全体の半分に及ばないと思うのですが、リモートワークが可能な人がどういう人かというと、端的に言ってしまえば、タワマンに住んでいるような、高学歴高収入の人たちだと思うんです。実は、この調査で現れているような、最近利便性を求めて引っ越した人の多くは、こうした人々なのかなとも思います。ところが、2020年の現在、彼らは何を思うか。一概には言えないかもしれないけれど、「意外と職場に近くなくてもやっていけるじゃん」と思っている人が増えているような気もします。最近5年間と、今後の5年間では、大きくトレンドが変わる可能性が見えてきた。

　これを別の角度から見ると、この20年間さんざん言われ続けてきた「ライフ・アンド・ワーク・バランス」を、初めて自分のこととして真正面から考えなきゃいけなくなったわけです。私の

個人的な意見からすると、そもそも「ライフ」と「ワーク」を分けて、天秤にかけてバランスを取るという考え自体が間違いではないか。「ワーク」は「ライフ」の中の一部なのだから、そことどう折り合いを付けるかが重要なんだ、と。リモートワークで我々が今、直面しているのは、「ライフ」と「ワーク」って、天秤の右と左に分けられるものではない、ということに、気づき始めた人が増えているとすると、今後の住宅や居住地選択において、もっと「ライフ」を中心に考えていくようになるような気がします。

今後、「コロナ明け」になって、少しずつ解除されていっても、この感覚はきっと元に戻らなくなる。「ハンコという悪弊さえなくなれば、リモート会議だけでほぼいけるじゃん」という感覚を覚えた人は、「利便性のために引っ越す」のではなく、「生活（ライフ）のために引っ越す」ことを志向していくのではないかと思います。

それと、もうひとつ我々がコロナで気にしなければいけないのは、就業形態が相当変わってくるということです。今まで居酒屋を経営していた人たちが、いきなりお弁当屋さんになっているわけです。航空会社の職員がいきなり営業形態を変えて、防護服を縫製するようになるわけです。コロナを、災害の一種、すなわち疫病災害と捉えるならば、自分がもっている資源を一つの形態だけで社会に提供する、という道が閉ざされた時、どう対応するのかというのが、今試されようとしています。今後も我々は、幾多の多様な災害を通して、こうしたことに直面することになるでしょう。そうした時に、今ある手持ちの資源が果たして、いざという時に、収入の多様化や、社会との付き合いの多様化などを可能にしてくれるのかどうかが問われていくと思うんです。

人間のネットワークを豊かにする居住環境が重要な選択肢となる

大月 自分を救ってくれるのは誰なのか。たぶん、国でも会社でも
ない。では一体誰なのか。やっぱり、身の回りの地域や親戚、知
り合い。つまり身近な空間と人間のネットワークなんですね。そ
のネットワークを豊かにしてくれるのは、どんな居住環境なのか
を考えることが重要ですし、そうした豊かで身近な居住環境こそ
が、今後の居住地選択に大きく影響を与えるのだろうと思います。

　また、そうした豊かで身近な居住環境がいくつかあって、複数
拠点化されていれば、なお安心です。リモートに挑戦している日
本人たちは、実は、こうした自らの資源の強靭性を強める挑戦を
しているのではないかと思うのです。そうした意味で、今後増え
ていくかも知れないと思うのは、「多拠点居住」。

　東日本大震災の原発事故で何が起きたかというと、東京近辺か
ら多くの人が、特に若い人々が、西日本の方に引っ越したのです。
こうして生まれた「多拠点」生活は、家族の居住形態も変化させ
ました。家族は基本的には、個別に住み、週末にしか家族になら
ないというような人々も増えました。ただこれは、昭和時代に一
世を風靡した「単身赴任」という、会社都合「ライフ」の一方的
な強要と一見似ていますが、戦略的に多様な家族居住を志し、多
様な就業形態を志すというところが決定的に違います。そもそも
原発事故の時に地方に移住した人は、原発前にすでにネット等で
収入源を多様に持っている人が多かった。そのため、会社都合で
はなく、自己都合で多拠点居住生活をエンジョイすることが可能
であったということです。生活拠点と収入源を多様化させ、自分
の「ライフ」の多様化・強靭化を実践し、「ワーク」を「ライフ」
に従えさせているという風にも解釈できます。

　地方で家がいっぱい余っているとすると、そういう所に「軽く」

第3章

住み、「軽く」借りる。1カ月ぐらい向こうに住む、ということ
が簡単にできるようになる。こうした、新しい居住形態の進化や
深化と相まって、地方の空き家の流通、場合によっては新築が動
いていくのが、望ましいのではないかと考えます。

　ただ今回、「地方に引っ越す」ということが、東日本大震災時
のように劇的に生じなかったのは、政府がPCR検査をなるべく
行わない方針を採ったからだと思います。医学的に難しい課題も
あるかとは思いますが、もし、有効な検査がスムーズに行えてい
れば、たぶん多くの人が複数拠点を形成しに、離島にも行けたは
ずです。そうすれば、疲弊する地方の足しになったのかもしれま
せん。しかし実際には、政府の検査不徹底の方針を受けて、地方
や離島としては「来るな」と言わざるを得なくなってしまいまし
た。検査さえしっかりしていれば、じつはガンガン、「うちに引っ
越して来てくれ！」となっていたはずだと思うんです。明治時代
の日清戦争後、大陸からの帰還兵に対して、当時内務省衛生局勤
めであった後藤新平が、広島の沖合に検疫所を設けて、コレラの
日本への蔓延を防いだという「日清検疫」のような体制を構築で
きる社会こそ、強靭な社会であるのだと思いますが、多くの人は
「強靭」の意味を履き違えているようです。

価値観の変化はすでに起きていた

大島　テレワークが可能な人たちはサービス業以外の、オフィス
ワークをしている方たちですよね。そうすると「通勤」という概
念がだいぶ変わるのではないかな、と思います。あれだけ密な満
員電車に揺られ1時間も通勤すること自体、コロナが収束した後
も、いろいろなリスクがそこにはある、という認識になる。都心
でこれだけ人が集中していることに対するリスクは、まず大きな

企業から根本的な対策を実行し始めると思います。ビジネスの拠点は適宜郊外や地方都市に分散されていくはずです。通勤のベクトルもさまざまな方向になっていく。企業自体も「信州の山奥に移転してしまいましょう」とか。生活環境のみならず、企業の経済活動の拠点自体が都心にとらわれず自由に移動し始めるようになるでしょうね。

しかし「コロナ前、コロナ後」などと言われますが、価値観の変化は既に起きていたわけで。心ある人や企業は、もう何年も前からあんな満員電車に揺られ都心に向けて通勤することを避けてきたわけです。リスクヘッジも含めた賢明な判断として企業移住を進め、このコロナ禍をきっかけにテレワークも意外と可能なことがわかったわけですから、生活環境を軸足に子育てと仕事を両立させる環境づくりも一気に助長されるという気がします。

災害・災禍は、そこに至るまでの状況を加速させるという原因になっています。東日本大震災をきっかけに「コミュニティや繋がりが重要だ」と盛んに言われるようになりましたが、当時これは既に当然の流れで、震災をきっかけに重要になった、ということではない。それでも、東日本大震災をきっかけに、「地域社会の繋がりは大事だ」という認識が一気に全国で加速したわけです。今回のコロナ禍も、ある意味それ以上に今まであった流れが加速されるようなことになるのではないか、と思っています。

実は私たちブルースタジオと小田急電鉄は昨年6月に、多摩ニュータウンの片隅、新興住宅地のど真ん中、各駅停車の駅前にコワーキングスペース「Nesting Park 黒川」をオープンさせました。小田急多摩線・黒川駅前で、80年代を中心とするニュータウン建設の初期に開設された駅です。周辺地域は核家族の団塊世代を中心とした高齢化が進んでいますが、決して不便な場所で

第3章

はありません。各駅停車の駅前なので商業地は無く、宅地開発以前を偲ばせる里山の情景が残っています。駅前のコワーキング施設なのですがカフェを中心とした緑豊かな公園の中にある木造平家のバンガロー村のような雰囲気の施設です。募集と同時に非常に多くの地域に居住される方に申し込みをいただきましたが、このワークスペースを契約した方の多くは、周辺の戸建て住宅に住む方で、豊かなキャリアを持った子育て中のママや大手企業を定年退職されたこれも経験豊富な団塊世代の方々。自身の生活環境の近くにありながら、自分の家ではなくて、「暮らし」の中の「仕事」の環境も併せ自己実現させていく。そんな方々です。このような以前からあった暮らしの環境の中の多角的なニーズが、これから一挙に覚醒していくのだろうと思います。

賃貸住宅の経営者、オーナーに向けてのアドバイス

生亀　お二人のお話を伺っていると、今後は私たち一人ひとりが、それぞれ自分らしい「暮らし」を実現していく方向に向かっていくと捉えておられるように受け止めました。そして、その「暮らし」は、「仕事」と区別したり、対立したりするものではない、「ライフ」の中に「ワーク」がある、ということだと理解しました。自分らしい生活、いかに豊かに暮らすのか、そのことが最初にあって、「住宅を選ぶ」というよりは「一時代の、一空間をどう選ぶのか」ということであれば、「持家」「賃貸」という区分さえもあまり意味をなさないかも知れません。そういったことも踏まえれば、賃貸住宅の経営にも、これまでとは違った新しい視点も必要になってくるのではないかと思います。賃貸住宅の経営者であるオーナーさんに向けて、お二人からアドバイスをいただけますでしょうか。大月先生からお願いします。

「住宅すごろく」から「引っ越しすごろく」を提唱したい

大月　大島さんもおっしゃっていましたけれども、「住みこなせる地域」になっていくということですね。つまり、多様性を確保することです。いろんな人たちが、いろんな目的で、その町に共生……、ああ、共生する必要は必ずしもなくて、もちろん、共生したほうが良いかも知れないけれども、「共存」できるような地域ですね。「共生」というと強制力が働いていて、イヤな感じもたまにするんだけれど、「共存」から始まるぐらいの、「住みこなせる町」をまず狙っていかなければいけない、と思います。

　そして一人ひとりが、人生のプレイヤーとして、自分や家族のことの戦略を考えてみた時、戦術や作戦はコロコロ変わっていっていいと思うんです。病気したり、離婚したり、旦那が死んだり、子どもが独立したり。こういうのは、いつも、予定通りには生じません。好むと好まざるとにかかわらず、突然、そんな羽目になっちゃうものです。そうすると「引っ越し」を考えなきゃいけなくなります。人生のリスクは皆、持っているんだけど、そんな時に、「スムーズに引っ越しができるかどうか」が非常に重要です。逆に言えば、「引っ越しがうまくデザインできる町であることが重要だ」ということです。

　従来の「住宅すごろく」は、「この住宅」から「あの住宅」へ引っ越すために、住宅建設を十分に行おうという1970年代の雰囲気を伝えていました。これに対して、「引っ越しすごろく」のようなものが提唱できたらいいなと考えています。つまり、刻々と変わっていく自分の環境をいいものにしていくために、「こんな引っ越しのパターンがあるよ」といったことを指し示してくれる指針です。「その引っ越しを成就させるためには、こんな家が必要だ」「こんな賃貸住宅が必要だ」「地域にはこんな引っ越し

ニーズがあるから、こういうのが必要だ」。このように、地域の
中で引っ越しをどうデザインできるかを考えていくことが、賃貸
住宅オーナーの今後の仕事の一つになるのではと思います。

「職住近接」の町を構想する

大月 もう一つは、これは大きな話になってしまいますが、大島さ
んがおっしゃったように、災害というのは、既にある変化を加速
させる側面があります。最近、いろんな災害が日本で多発してい
るけれども、町のつくり方自体が、すでに多様な社会の変化に追
い付いていない。結局、「不幸な引っ越し」をいっぱい生んでいる。
都市の建設理念が、過去の物差しにしか基づいていない点が、我々
に大きな負担を強いている。経済界の人たちが大好きな人物に、
渋沢栄一っていますね。彼は東急の前身である田園都市株式会社
に出資した親玉として都市づくりの系譜にも名を残しますが、東
京では東急が線路を敷いて人間を郊外に引っ張って住まわせる、
「職住分離」的まちづくりの先鞭をつけています。ところが彼の
伝記を読んでいて面白かったのは、欧州の都市のように、1階が
働く場で、上が住宅、というような町を日本でもつくりたい、と
言っているんです。そのことに応えた訳ではないんでしょうが、
東急は昭和30年ころ、東京と横浜を結ぶ現在の「第三京浜」に
あたる土地を全部買って、そこに高架道路を建設し、道路の下を
住宅と店がバーッと繋がるようなリニア都市を造ろう、みたいな
のを一瞬考えていたことがあるんです。

　例えばこんな風に、新たな「職住近接」の町を構想するような
ことを、今一度チャレンジしてもいいのではないかと思います。
今まで見たこともないような町のかたちを、ニュータウンをつく
るようなやり方ではなく、既存の町をじっくりと作り変えるよう

なやり方でやって行く。そういうことを、これは賃貸のオーナーというより、デベロッパーや国、研究者、事業者、デザイナーを含めて、いろいろ考えて議論していくということは、今後の災害へ備える道としても、残されていると思います。

共同住宅の「コミュニティ単位」をマネジメントせよ

生亀　大島さんから、賃貸住宅のオーナーに向けて、お願いします。

大島　私も大家の子なので、自分自身が持つべき危機感ということかと思います。「賃貸住宅の大家」という存在はこれからある意味増える、多様化すると思った方が良いと思います。賃貸は「共同」住宅ばかりではありません。持ち家空き家が増える中で、「終の棲家」という所有の概念が薄れ、相続した資産も含め持ち家の収益化を図ろうとする人は増えるはずなんですね。一般の方が自分の持ち家を賃貸住宅にして次々とライフステージにあわせた住み替えをしていくというようなことをし始めるわけです。それでは今、専業の賃貸共同住宅経営者はどうしたら良いか。それは「共同住宅である」ということをしっかり価値にすることを考えなければいけません。共同住宅というのは、オーナーが自らマネジメントすることの出来る小さな「コミュニティ単位」なんですね。コミュニティの経営者として、どんなコミュニティを社会に対して提供していくのか。そんな理念やビジョンを持たなければ、単なる生活の器は消費され淘汰されてしまいます。

　持ち家のほうが専用の賃貸住宅と比べ概して性能は優れています。性能の面だけでこれに太刀打ちするべく賃貸住宅の商品をつくろうとすると、採算性が合わなくなります。これも賃貸共同住宅の経営者が自らの物件の共同体としてのビジョン、価値を持つべきもう一つの理由です。

　郊外に行くと、分譲地に持家を所有している方々がいっぱいいるのだけれど。その土地はもとを正せば農家さんが持っていたので、地主である農家さんも暮らしていれば、その周辺には農家さんが所有するアパートもたくさんあるわけですよ。これって生活環境や、地域としての価値は戸建てに暮らす人も地主さんもアパートに暮らす人も一緒なんですね。地域価値はあまたの人々が共有すべきだし、これからはそれぞれが利己主義的に自分の資産のことばかりを考えていると地域の価値ってどんどん下がってくるわけです。例えば持ち家のオーナーも賃貸共同住宅のオーナーも、どうやってお互いに地域の生活環境価値を維持していくことができるのか、どうやってそれぞれが役割を果たしていくべきなのかもっと話し合うべきだと思うんです。

戸建住宅オーナーと共同住宅オーナーの連携で地域循環を起こす住み替えの促進

大島　例えば最近こんなことを考えていたりします。東京郊外では結構顕著なのですが、大都市郊外にはかつて地主さんが1990年代を中心に特定優良賃貸住宅（特優賃）の制度でつくった立派なRCのファミリータイプマンションが畑の真ん中のような辺鄙な場所に空室を大量に抱えて佇んでいたりします。その多くが20年間の特例期間を過ぎて、そのまま持ち続けるメリットが無くなっています。さらにその周辺がどうなっているかというと、畑が農地転用され宅地が広がっている。かつて団塊世代の核家族がこぞって買い求めた立派な庭付き戸建てが連立しているのです。しかしそうした戸建て住宅はすでに老夫婦あるいは単身の高齢者のみが住んでいるような状態。決して合理的と言える状態では無いですし、これから後期高齢者となる団塊世代をこのままの状態

にしていては福祉制度への負担の観点からも望ましい状態ではありません。

　そこで今やお荷物と化してしまっている特優賃の共同住宅オーナーは、その共同住宅の環境性能を徹底的に向上させた高気密高断熱の高齢者たちが安心して暮らせる共同住宅にリノベしたら良いじゃないかと思うわけです。そして周りのほぼ無断熱でヒートショック瀬戸際の大邸宅を持て余している団塊世代の高齢者に移住してもらうわけですね。リノベーションにはそれ相応のコストがかかりますが、高性能のコンパクトで快適な賃貸共同住宅には家賃負担能力のある方々が入ってくださるわけです。まだまだ元気の良い高齢者たち同士が闊達なコミュニティとして楽しく暮らしていけるような共同住宅に生まれ変わるわけです。周辺の空き家となった庭付き戸建ては、これはこれでしかるべきリノベーションを施し若い子育て世代が暮らせるようすれば良いじゃないですか。そんな感じで、戸建て住宅を持っているオーナーさんたちと、共同住宅のオーナーさんたちお互いが地域の生活環境に関して役割分担をして地域循環による住み替えを促進させるわけです。地域を活性化させるためには地域内での住み替えを促進することが最良の策です。

　人々が自らの物件運用のことばかり考えていると気づいて見れば地域はただ消費され衰退の途を辿るのです。人は理想の暮らしの環境を家単体では見ていないです。プラスの環境、地域を選ぶ時代になっているということ。これを意識して下さい、と伝えたいです。

地域をコーディネートする役割を誰が担うのか

生亀　一人ひとりが自分の資産を、自分のなかで最大限生かすとい

うのが市場メカニズムだとすると、大島さんが今、おっしゃったのは、市場メカニズムに任せておくと、地域としての魅力がなくなってしまう、だから、戸建ての人と共同賃貸住宅の人が話し合うような機会が必要なのではないか、というご示唆と理解しました。そうすると、双方を繋ぐコーディネーター的役割が必要になってくるかと思いますが、そのあたりはどのようにお考えでしょうか。

大島　それは、地域の管理会社が戦略的アドバイス出来るようにならなきゃダメですよ、ということです。まだまだ不動産管理業者さんは、その地域において既得権を守ることに必死。縄張りビジネスを続けている業者が多い。経済成長期の資産、不動産商品は大相続時代を迎えオーナーの事情やタイプも今後ますます多様化していきます。昔のように高齢の地主とだけ話し合いお任せ下さいと言っていれば良い時代ではなくなりました。地域を俯瞰し、戦略的に地域を活性化する術を繰り出すことができるのは地域を熟知し、地主の信頼を背負った不動産管理会社のはずです。

生亀　そうした活動によって地域の魅力が高まれば、そこにも新たなビジネスチャンスがどんどん膨らんでいくことに繋がりますね。

大島　そうです。自分たちで自分の街を耕していくことをやっていくのです。自分たちで向上させることだと思います。

生亀　最後にお二人から一言ずつお願いします。

山の中から市街地まで、「空間マネジメント屋さん」が出てきてほしい

大月　今の大島さんの最後の話、面白いなと思います。「公営住宅法」という、国が直営でやっていく領域は、たしか全国で200万戸ぐらいあるんですね。しかも壁式RC造の場合、建築構造的には高スペックのものも多いのです。ところが、間取りや設備のスペッ

クが常にプアーな状態です。このために、若い人などに敬遠され
がちです。逆に民間の賃貸住宅は、構造的にはそんなに良くない
けれど、入居者さんに色々言われながら管理して行くと、設備は
新しくしておかねばならないという状況がある。しかし、これら
は住宅政策的には異なったカテゴリーなので、これを一緒に、マ
ネジメントしようという人はほとんどいません。

それから、不動産会社が目を付けるエリアは当然あるのですが、
一方で不動産会社が見向きもしないけれど、誰か特定の人から見
ればとっても良い物件ってたくさんある。ここにも、地域を一体
的にマネジメントするような目線さえあれば、新たな不動産ビジ
ネスのチャンスがありそうです。

例えば、高齢者の「介護3施設」。特別養護老人ホームとか、
介護老人保健施設など。ああいう施設を全部合わせると、東京都
でいうと、東京都が公営住宅約25万戸程度あって、老人施設は
約15万床ぐらいある。実は拮抗したボリュームなんです。実際に、
高齢者が「どっちに行こうか」と迷ったりしても良いはずなので
すが、両方の住宅情報のやり取りは、一切なされないので、互い
の引っ越しの選択肢とはなっていません。一方は国交省の領分で、
一方は厚労省の領分として完全に内部完結している。

日本には、数の上では満ち足りた住宅数があるのですが、「今
の自分にふさわしい住宅」を、住みたい町で見つけていくことを、
多くの人が我慢している状態にあると思います。既存の業態や、
行政の縦割りで、我々の住生活を分断化するのではなく、地域の
中に「引っ越しコーディネーター」みたいな人がいて、山の中の
公営住宅と、市街地の民間賃貸をスワップしながら、地域の不動
産ビジネスを回して行くような、そういうことをトータルに考え
るような「空間マネジメント屋さん」。そんな仕組みが活発に模

索されるようになると、おのずと世の中が良くなっていくような気がします。

社会を変える源になれるのは、生活の環境を本質的にマネジメントできるオーナー「あなた」である

大島　これから街の不動産業者がどうやって生き残っていくか、って、結構大事なテーマ。街の不動産屋が「マイクロデベロッパー」みたいなことを続けていくんだとしたら限界があるんです。街の不動産屋がやるべきこと、それは、街の人たちを地域内でライフステージにあわせてどんどん引っ越しさせること、かもしれません。地域の多様な不動産商品を俯瞰し、それぞれの住みこなし方にアイデアを絞り、相互に流動化させるんです。人が動けば手数料が入ります。動かせば動かすほど健全です。地域の資産を停滞させないということです。その方が生活者にとっても街にとっても健全な暮らしが実現できるはずです。そういうことをやっていきましょう。

　日本の社会保障給付費の増加スピードはますます加速化します。特に介護費がものすごく肥大化してくるわけですね。国の財源だけに依存することは無理だということは分かっている訳で、生活者がお互いにどうやって互助、共助の関係を見直し、社会保障制度で補えない部分を担保あるいは軽減していくことができるか。それを考えることは大きなテーマだと思います。不動産ビジネス、地域、資産運用……そのあたりの関係性を健全な市民生活という観点から見直すことによって、じつは社会保障そのものの膨張を抑えていくことが可能だという気がしています。社会を変える源になれるのは、市民生活の環境を本質的にマネジメントできるオーナーのあなたたちです、と申し上げたい。

生亀 ありがとうございます。社会保障はじめ我が国の課題を考え
ていくうえで地域の力をどう活かすかということが必要だと改め
て思いました。本日は有意義なお話、貴重な時間を頂きました。
今回のディスカッションの企画担当者・松本（HIM研究所／業務
部長）から一言申し上げます。

松本 いろいろとご意見ありがとうございました。もともと、賃貸
住宅をいかに社会に役立てるか、という気持ちで座談会を企画い
たしました。これからのことを考えると、コミュニティがとても
重要だと思います。ただ、どうやってそれを構築すれば良いのか、
よく分かっていません。そういう「きっかけづくり」をしたいと
思っております。

　大月先生を中心に、「あしたの賃貸」というプロジェクトがあり、
これからの賃貸のあるべき姿がどのようなものか、議論を始めて
いるところです。大島さんのお話にありました、「まちづくり」
といった意味においては、たぶん賃貸住宅も持家もないと思いま
す。先ほどのお話にあった地域——、特に特優賃の話につきまし
て、実際に住宅金融支援機構で特優賃の融資の担当をしていたの
で、立派な賃貸マンションを建てたのに、どんどん家賃が上がる
ので皆、引っ越していくという状態を見ておりました。最初は若
いカップルが住んでいたのに、どんどん空いていく。今の姿が、
本当に空き室ばかりになっているのであれば、それを何とかしな
ければいけない、と思いました。

　そうしたものも含めて、いろんな方々が、ゆるやかに手を握る
ようなネットワークが構築できれば良いなと思っております。こ
れからもどうぞよろしくお願いいたします。

第3章

第4章

住まう人の気持ち

1. 住宅を持つべきか借りるべきか

■賃貸住宅派は増加傾向

　国土交通省の2019年度「土地問題に関する国民の意識調査」によると、住宅の所有意識を問う「住宅の所有についてどう思うか」では、「土地・建物を両方とも所有したい」が74％、「建物を所有していれば、土地は借地でも構わない」が7％、「賃貸住宅で構わない」が15％となっている（**図4-1**）。

　「土地・建物を両方とも所有したい」を「持家派」、「賃貸住宅で構わない」を「賃貸住宅派」と定義すると、「賃貸住宅派」が2019年は15％で、1997年は7％だったので、ほぼ倍になっている。「賃貸住宅派」がゆるやかに増加している。

図4-1　住宅所有に関する意識

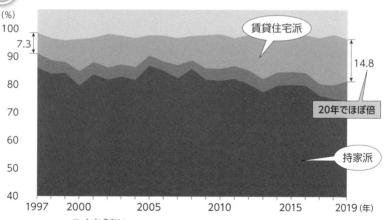

資料：2019年度　土地問題に関する国民の意識調査（国土交通省）

　年齢別に住宅の所有に関する意識をみると、「持家派」はほとんどの年代で7割を超えるが、20歳代のみ5割未満となっている。「賃貸住宅派」は、20歳代が24％と高い。家族で暮らせるように、規模的にも経済的にも対応可能な賃貸住宅が市場に増えることで「賃貸住宅派」が増えるのではないか（**図4-2**）。

図4-2　年齢別住宅の所有に関する意識

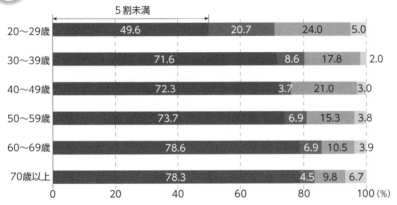

資料：2019年度　土地問題に関する国民の意識調査（国土交通省）

第4章

　住居形態別に住宅の所有に関する意識をみると現在の持家の居住者は、「持家派」が81％と高く、ほとんどが現時点での居住形態を肯定している（**図4-3**）。

図4-3　住居形態別　住宅所有に関する意識

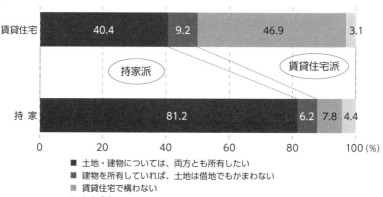

賃貸住宅　40.4　9.2　46.9　3.1

持家派　　　　　賃貸住宅派

持　家　81.2　6.2　7.8　4.4

0　　20　　40　　60　　80　　100 (%)

■ 土地・建物については、両方とも所有したい
■ 建物を所有していれば、土地は借地でもかまわない
■ 賃貸住宅で構わない
■ わからない

資料：2019年度　土地問題に関する国民の意識調査（国土交通省）

　一方、賃貸住宅の居住者は、「持家派」が40％、「賃貸住宅派」が47％となっている。約半数近くが賃貸住宅に居住しながら「賃貸住宅派」である。ライフステージが変化しても賃貸住宅に住み続けられるような多様な間取り、広さ、性能などがある賃貸住宅が求められているのではないか。

■賃貸住宅派は戸建てでもマンションでもOK

　「今後の望ましいと考えている住宅形態はどのようなものか」の問いに、「一戸建て」が60％で最も高く、「戸建て・マンションどちらでもよい」が24％、「マンション」14％と続いている（**図4-4**）。2007年は「一戸建て」79％だったため、一戸建て志向は約20％も減退している。

図4-4　今後望ましい住宅形態

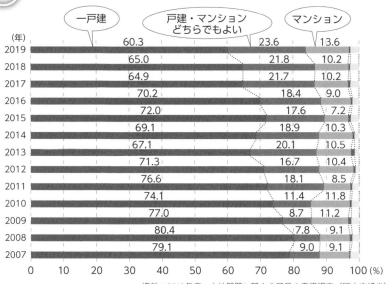

資料：2019年度　土地問題に関する国民の意識調査（国土交通省）

　また、住居形態別にみると「持家派」の場合、「一戸建て」が73%で最も高く、次いで「戸建て・マンションどちらでもよい」が17%、「マンション」が9%となっており、一戸建ての支持が圧倒的に高い。

　一方、「賃貸住宅派」の場合、「戸建て・マンションどちらでもよい」が47%で最も高く、次いで「マンション」が28%、「一戸建て」が21%である。「持家派」よりも、住宅の形態には柔軟である（**図4-5**）。

　持家取得がゴールとなっている住宅すごろくに変わって、様々なライフステージに住み替えで応えることができるよう賃貸住宅派は、住宅の形態にこだわらないのかもしれない。

図4-5　持家派・賃貸住宅派別今後望ましい住宅形態

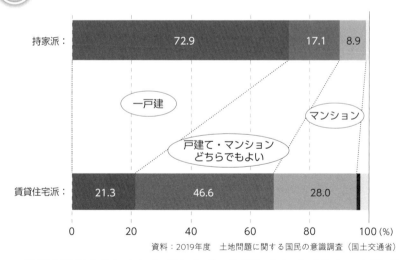

資料：2019年度　土地問題に関する国民の意識調査（国土交通省）

　持家を取得することにこだわらず、生活に合わせて住まいを選び、借りて住むスタイルが増える兆しがある。家族の人数が増えても、高齢化しても、単身になっても、住みたい街を選択できるよう、賃貸住宅のバリエーションを増やすことが求められているのではないか。

2．分譲マンション、中古マンション、賃貸住宅を入居者目線で比較

■重視するものは、分譲＝「立地」、中古＝「環境と価格」、賃貸＝「家賃」

　賃貸住宅か持家か、どちらが得かは、よく議論になるテーマである。その答えは、ライフスタイル、立地、収入、家族構成、資産への考え方など多数の要素が絡むため、単純に導き出すことはできない。そこで国土交通省が公表した「住宅市場動向調査」から、新築分譲マンション、中古マンション、賃貸住宅の選択理由、それぞれどのような仕様なのかを入居者目線で比較してみる。

　まず、住宅の選択理由をみると（**図4-6**）、分譲マンションは上位から「住宅の立地環境が良かったから」(61%)、「新築だから」(61%)、「住宅のデザイン・広さ・設備等が良かったから」(41%)、次に「価

図4-6　住宅の選択理由

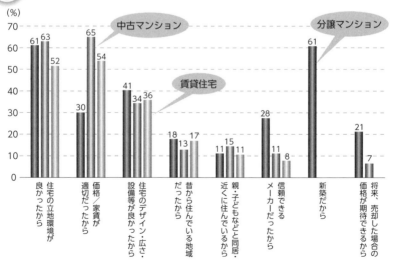

資料：2019年度　住宅市場動向調査（国土交通省）

格が適切だったから」（30％）となる。立地環境が価格より優先されているのは意外な印象だろう。

　また、「信頼できるメーカーだったから」（28％）のように、販売事業者の影響も大きな要素といえる。「将来、売却した場合の価格が期待できるから」（21％）のように、価格より立地、マンションの販売事業者の選択など、将来売却を視野に入れた行動になっているようだ。

　中古マンションは上位から「価格が適切だったから」（65％）、「住宅の立地環境が良かったから」（63％）、「住宅のデザイン・広さ・設備等が良かったから」（34％）の順となっており、価格と立地環境を重視している。他にも「親・子どもなどと同居・近くに住んでいるから」（15％）と、地域を選択の理由に挙げる率が比較的高めになっている。「将来、売却した場合の価格が期待できるから」（7％）が分譲マンションよりも低く、資産としてではなく、住むエリアを重視している。

　賃貸住宅は、上位から「価格が適切だったから」（54％）、「住宅の立地環境が良かったから」（52％）、「住宅のデザイン・広さ・設備等が良かったから」（36％）の順で、主に家賃、立地環境を重視している。次いで「昔から住んでいる地域だったから」（17％）となっている。この「昔から住んでいる地域だったから」の回答の内訳をみると、賃貸集合住宅が16％であったが戸建賃貸住宅が31％もあり、昔から住んでいる地域内で戸建賃貸住宅を中心に住み替えが行われていることがわかる。

　住宅を選択した理由が、分譲マンション、中古マンション、賃貸住宅によって傾向が異なっている。

　住宅の設備等に関する理由をみると（**図4-7**）、「間取り・部屋数が
適当だから」、「住宅の広さが十分だから」は、共通して上位となっ
ており、重要な選択ポイントになっている。

図4-7　設備等に関する選択理由

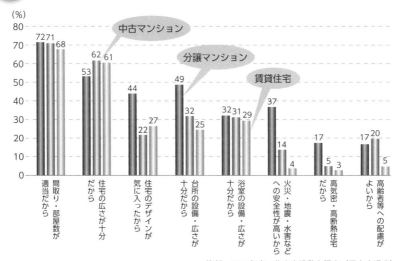

資料：2019年度　住宅市場動向調査（国土交通省）

　分譲マンションでは、「台所の設備・広さが十分だから」（49％）と、
台所がポイントになっている。また、「火災・地震・水害などへの
安全性が高いから」（37％）、「高気密・高断熱住宅だから」（17％）と、
住宅の性能を選択理由としている。

　中古マンションでは、「浴室の設備・広さが十分だから」（31％）、
「高齢者等への配慮がよいから」（20％）が挙げられており、高齢期
の住まいを想定して選択している面がある。

　賃貸住宅では、「浴室の設備・広さが十分だから」（29％）、「住宅のデザインが気に入ったから」（27％）となっており、浴室で癒されたい、おしゃれな住まいに住みたいなどの若年層特有のニーズがあるのではないか。

■分譲マンションの約6割が、段差のない室内を実現している

　高齢者対応設備・省エネ設備の仕様状況をみてみると（**図4-8**）、分譲マンションがどの項目も最も高くなっている。

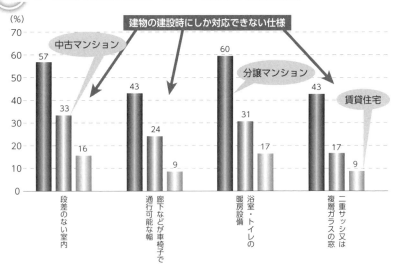

図4-8　高齢者対応設備・省エネ設備の仕様状況

資料：2019年度　住宅市場動向調査（国土交通省）

　特に分譲マンションの「段差のない室内」（57％）、「廊下など車椅子で通行可能な幅」（43％）、「二重サッシまたは複層ガラスの窓」（43％）は、建物の建設時にしか対応できない仕様である。

　分譲マンションは将来、「賃貸住宅化」する可能性があるため、

賃貸住宅についても、競争率を高めるために、これらの仕様を意識して取り入れるべきであろう。また、地球温暖化により、夏季の長期化が予想される。資源エネルギー庁によると夏の冷房時に外から熱が入る割合は約7割が開口部から、冬の暖房時に外へ熱が逃げる割合は約5割とのことである。つまり、窓ガラスの性能は住み心地を左右する。しかし、賃貸住宅では「二重サッシ又は複層ガラスの窓」を9％しか採用していない。これらを採用することで居住性能が上がり競争力が確実に上がる。

■通勤時間は住み替えにより短縮化

　分譲、中古、賃貸問わず、通勤時間は、住み替え前より住み替え後の方が短くなっている。特に、賃貸住宅が最も変化幅が大きい（**図4-9**）。

図4-9　住居形態別通勤時間

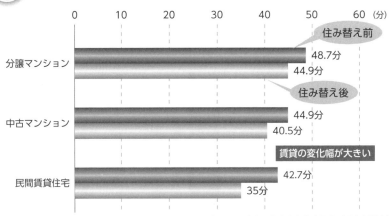

資料：2019年度　住宅市場動向調査（国土交通省）

　3大都市圏別に通勤時間をみると、どのエリアも短縮していることがわかる（**図4-10**）。さらに賃貸住宅の住み替え前後の延床面積をみると、どのエリアも延床面積が狭くなっている（**図4-11**）。広

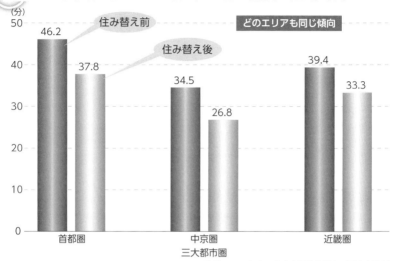

図4-10　賃貸住宅のエリア別・住み替え前後の通勤時間

資料：2019年度　住宅市場動向調査（国土交通省）

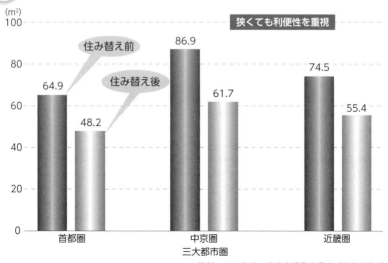

図4-11　賃貸住宅のエリア別・住み替え前後の延床面積

資料：2019年度　住宅市場動向調査（国土交通省）

さを犠牲にしても、通勤時間を短くすることを選択している。新型
コロナウイルス感染症の感染拡大により、通勤不要のリモート勤務
体制を採用する企業が増えることで、住宅の選択基準の変化が加速
するだろう。

　入居者（世帯主）の年齢は、平均年齢が高い順に中古マンション
（48.2歳）、分譲マンション（43.3歳）、賃貸住宅（39.2歳）で、中
古マンションのほうが分譲マンションより、5歳ほど高齢となって
いる。ここから、高齢者設備への配慮を選択理由にしている背景が
わかる（**図4-12**）。また、民間賃貸住宅の3割が30歳未満である。
民間賃貸住宅に住んでいる若い世代が今後、どう住み替えていくの
か、動向を注目していきたい。

図4-12　住宅形態別世帯主の平均年齢

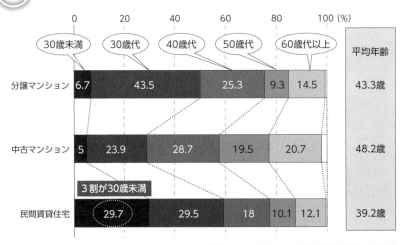

資料：2019年度　住宅市場動向調査（国土交通省）

　居住人数をみると、民間賃貸住宅は1人または2人暮らしが7割
程度である（**図4-13**）。一方、分譲マンションは3人以上暮らしが

図4-13　住宅形態別平均居住人数

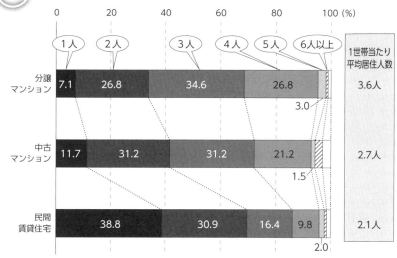

資料：2019年度　住宅市場動向調査（国土交通省）

図4-14　住宅形態別世帯の平均年収

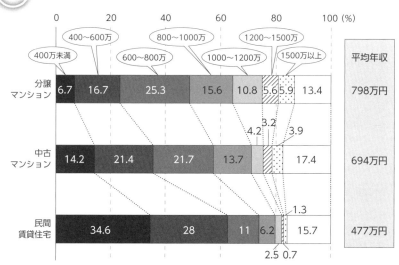

資料：2019年度　住宅市場動向調査（国土交通省）

7割程度。家族人数が増えたら、分譲マンションを購入している状況が推測できる。

　世帯の平均年収をみると、高い順に、分譲マンション（798万円）、中古マンション（694万円）、民間賃貸住宅（477万円）。世帯年齢が若い分、民間賃貸住宅の世帯年収が低くなっている（**図4-14**）。

　住宅ローンのある世帯の年間返済額をみると、分譲マンションが132万円と最も高くなっている（**図4-15**）。分譲マンションの平均的な場合だが、毎月10万円程度の住宅ローンの支払いに加え、管理費、修繕積立金が加算され、それが30年程度続くことが予想される。

　今回のような新型コロナウイルス感染症の拡大に伴う急激な経済環境の変化で、毎月の収入が激減する可能性は誰にでも起こり得るため、どのような対応をするかシミュレーションしておく必要がある。そのために、賃貸住宅にも気軽に住み替えができるようなバリ

第4章

図4-15　住宅ローンの年間返済額・返済負担率

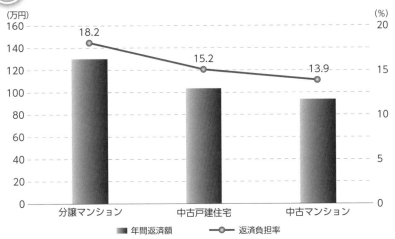

資料：2019年度　住宅市場動向調査（国土交通省）

エーションが求められるのではないか。

　2020年のコロナ禍は100年に一度といわれる経済環境の変化をもたらした。すべての年齢層、年収層、家族形態の入居者に対して、リスクヘッジ要素がある賃貸住宅の存在価値がますます高まってきている。加えて、賃貸住宅が持家住宅並みの基本的な性能、仕様を備えるとより存在意義が上がるのではないか。

3. データでみる結婚事情

■「結婚」の位置づけが変化

賃貸住宅の市場では新規に世帯構成される「新婚さん」が重要な顧客（入居者）である。国立社会保障・人口問題研究所が発表した2015年出生動向基本調査「結婚と出産に関する全国調査」から、「新婚さん」の実情を探る（**図4-16, 図4-17**）。

結婚する意志を持つ未婚者の9割弱が、いずれ結婚しようと考えている。そのうち、「ある程度の年齢までには結婚するつもり」が、男性55％、女性59％で男女とも年々増加し、ほぼ30年前の水準になっている。

逆に「理想な相手が見つかるまで結婚しなくてもかまわない」は男性43％、女性39％で年々減少している。「結婚」そのものの位置づけが変化しているようである。これは、東日本大震災の影響もあり、1人よりは2人で暮らす、生きていくことの価値観を見出したのではないか。

結婚の具体的な利点として、男性は「子供や家族をもてる」35％が最も高く、次に「精神的安らぎの場が得られる」31％、「親や周囲の期待に応えられる」で16％の順となっている（**図4-18**）。女性は、「子供や家族をもてる」50％と男性よりも15ポイント高い。次に「精神的安らぎの場が得られる」で28％、「親や周囲の期待に応えられる」22％の順である（**図4-19**）。

結婚の具体的利点の推移をみると、男女とも「自分の子どもや家族をもてる」を挙げる人の増加傾向は、1987年から一貫して続い

第4章

図4-16　結婚意思を持つ男性未婚者　結婚に対する考え方

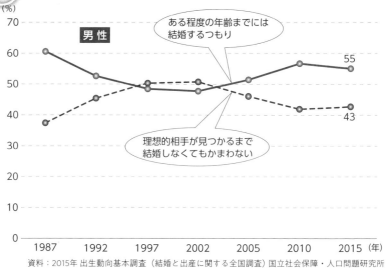

資料：2015年 出生動向基本調査（結婚と出産に関する全国調査）国立社会保障・人口問題研究所

図4-17　結婚意思を持つ女性未婚者　結婚に対する考え方

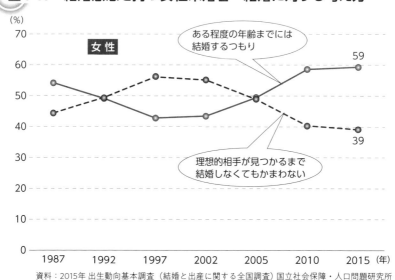

資料：2015年 出生動向基本調査（結婚と出産に関する全国調査）国立社会保障・人口問題研究所

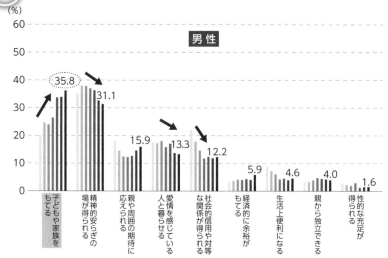

図4-18　男性の結婚の具体的利点

資料：2015年 出生動向基本調査（結婚と出産に関する全国調査）国立社会保障・人口問題研究所

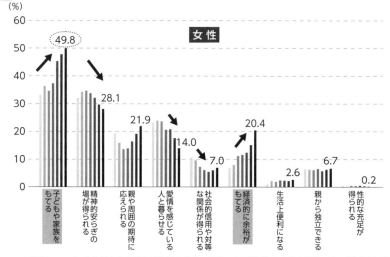

図4-19　女性の結婚の具体的利点

資料：2015年 出生動向基本調査（結婚と出産に関する全国調査）国立社会保障・人口問題研究所

第4章

ている。一方で、2000年代以降「精神的に安らぎの場が得られる」と「愛情を感じている人と暮らせる」は減少傾向、「親や周囲の期待に応えられる」は増加傾向となっている。

　特に、女性では「経済的に余裕が持てる」が増加傾向で、今回初めて2割を超えた。精神的な安らぎや愛情という側面よりも、家族が持てる、経済的余裕が持てるなど、現実的な面が重視されてきているのではないか。

■結婚の障害は、結婚資金と住まい

　「1年以内に結婚するとしたら、何が障害となるか？」の質問に、男女とも「結婚資金」をあげた人が最も多い（男性43%、女性42%）。次に「結婚のための住居」、「職業や仕事上の問題」となっている（**図4-20**）。親の承諾や親との同居や扶養の問題よりも、経

図4-20　1年以内に結婚する場合の結婚への障害（2つまで選択可として）

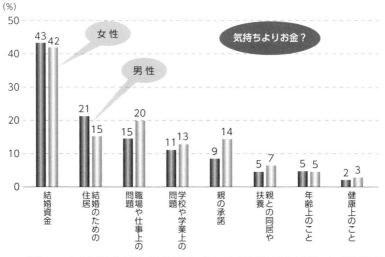

資料：2015年 出生動向基本調査（結婚と出産に関する全国調査）国立社会保障・人口問題研究所

済的事情や結婚のための住居が結婚の障害となっている。新婚さん向けに、手頃な家賃の賃貸住宅の供給も、婚姻数を増やすための処方箋の１つであろう。

■専業主婦コースに代わって両立コースが増加

　未婚女性が、実際になりそうなライフコースは、「再就職コース」32％、次に「両立コース」28％、「非婚就業コース」21％、「専業主婦コース」８％と続く（**図4-21**）。

　「専業主婦コース」が減少し、「両立コース」、「非婚就業コース」が増加する傾向にある。出産や育児などの人生のイベントの有無にかかわらず、女性は一生働くことを選択するケースが確実に増えていくであろう。

第4章

図4-21　実際になりそうなライフコース（女性）

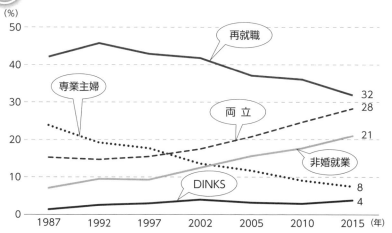

専業主婦コース　結婚し子どもを持ち結婚あるいは出産の機会に退職し、その後仕事を持たない
再就職コース　　結婚し子どもを持つが、結婚あるいは出産の機会にいったん退職し、子育て後に再び仕事を持つ
両立コース　　　結婚し子どもを持つが、仕事も一生続ける
DINKS コース　　結婚するが子どもは持たず、仕事を一生続ける
非婚就業コース　結婚をせず、仕事を一生続ける

資料：2015年 出生動向基本調査（結婚と出産に関する全国調査）国立社会保障・人口問題研究所

145

　結婚や働く女性を支える要素としての賃貸住宅に期待される役割は、供給する側が考えるよりも大きくなりつつある。子育てがしやすいよう「遮音性の確保」、共働きを前提とした「宅配ボックス」、「防犯設備」などの対応によって、新婚さんの住まい候補になることは間違いない。

4. なぜ住み替えするのか

■「広さ・部屋数」よりも「通勤・通学の利便」で住み替える

　暮らしやすい住まいや環境を得るため、または、ライフステージの変化に合わせて、人々は住み替えをする。住み替えを繰り返すことで、より住みやすい住宅を手に入れている。「住生活総合調査」からその住み替えの実態をみたい。下記の図は第3章の図を再掲したものだ（**図4-22**）。

🄯 **図4-22　最近5年間に実施した住み替えの目的（複数回答・主なもの）**

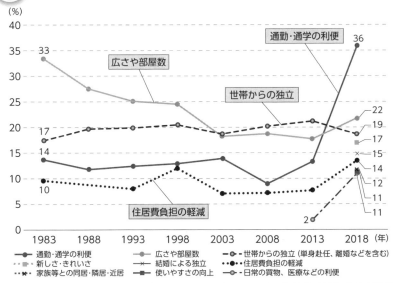

資料：2018年　住生活総合調査（国土交通省）

　住み替えの主な目的をみると、2018年は「通勤・通学の利便」36％が最も多く、次いで「広さや部屋数」22％、「世帯からの独立（単身赴任、離婚など含む）」19％となっている。推移をみると、2013

年から2018年にかけて「通勤・通学の利便」が急激に上昇している。広さより、利便を理由に住み替えをしている。また「住居費負担の軽減」は6%増で14%となっており、経済環境の影響もみてとれる。

　住み替え前と住み替え後の居住形態別に住み替え理由をみてみる（**図4-23-1**）。「持家から持家」の場合、「高齢期の住みやすさ」52%と高く、次いで「災害に対する安全性・治安」34%となっている。高齢期のライフステージに対応するため、住み替えを行っている。
　「持家から賃貸住宅」の場合、「世帯からの独立（単身赴任、離婚など含む）」18%が最も高く、必要に迫られて住み替えしていると推測できる。

図4-23-1　住み替え後の居住形態別　住み替え理由

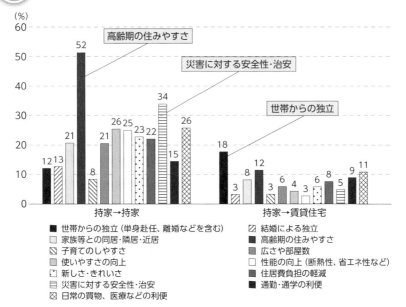

資料：2018年　住生活総合調査（国土交通省）

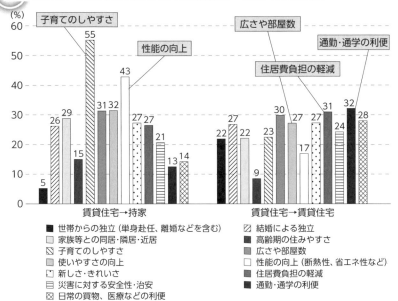

図4-23-2　住み替え後の居住形態別　住み替え理由

資料：2018年　住生活総合調査（国土交通省）

　賃貸住宅からの住み替えの理由（**図4-23-2**）をみると、「賃貸住宅から持家」の場合は、「子育てのしやすさ」55％が圧倒的に多く、次いで「性能の向上（断熱性、省エネ性など）」43％となっており、子育てのできる環境、性能の高い住宅を求めて、持家に住み替えている。見方を変えると、賃貸住宅で子育てのできる環境が十分に備わっていないのではないか。

　「賃貸住宅から賃貸住宅」の場合、「通勤・通学の利便」32％、次いで「住居費負担の軽減」31％、「広さや部屋数」27％となっており、住宅そのものよりも、通勤・通学の利便性や、家賃などの軽減のために住み替えを行っている。

　では住み替え後の住宅の評価はどのようになっているのだろうか。

　住み替え後の住宅や居住環境の評価を満足度（まあ満足＋満足）でみてみる。「住宅」に対する満足度は、持家、賃貸住宅ともに年々上がっており、「持家満足度」80％、「賃貸住宅満足度」67％で、持家の方が満足度合は高い（**図4-24**）。次に「居住環境」に対する満足度は、「持家満足度」71％、「賃貸住宅満足度」72％と2018年に初めて持家よりも賃貸住宅の居住環境に対する満足度が上回った（**図4-25**）。

図4-24　住宅に対する満足度

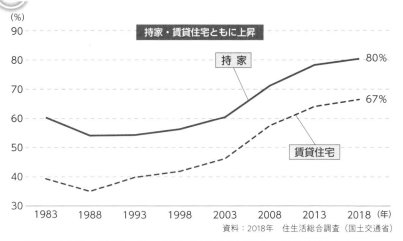

資料：2018年　住生活総合調査（国土交通省）

　さて、最近5年間に住み替えた居住形態別の変化別割合をみてみる（**図4-26**）。賃貸住宅から住み替えした割合が直近では75％、ほぼ全体の4分の3を占めているが、この比率は25年間大きく変わっていない。賃貸住宅からの住み替えが容易であることがわかる。

　また、賃貸住宅へ住み替えした割合が63％と持家への住み替えよりも高くなっており、賃貸居住が住み替えニーズに対応していることがわかる。

図4-25　居住環境に対する満足度

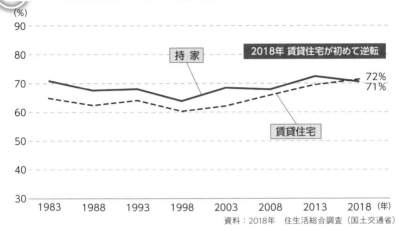

資料：2018年　住生活総合調査（国土交通省）

図4-26　5年間に住み替えした居住形態別の変化の割合

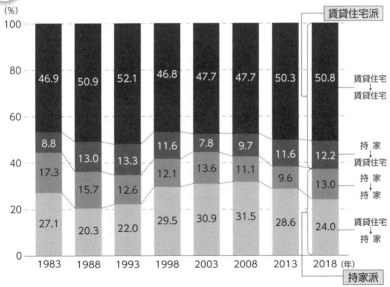

■ 賃貸住宅→賃貸住宅　■ 持家→賃貸住宅　■ 持家→持家　□ 賃貸住宅→持家

資料：2018年　住生活総合調査（国土交通省）

■賃貸住宅の不満トップ３は「遮音性」、「高齢者への配慮」、「収納」

　住み替え後の居住形態別に住宅および居住環境要素ごとの不満度（非常に不満＋多少不満）と重要と思う項目をみる（**図4-27**）。

　賃貸住宅の不満度は、１位「遮音性」（57%）、２位「高齢者への配慮（段差がない等）」（53%）、３位「収納の多さ、使い勝手」（44%）、４位「地震時の安全性」（44%）、５位「断熱性」（43%）となっている。

図4-27　住み替え後の居住形態別住宅および居住環境に対する「不満度」と「重要と思う割合」

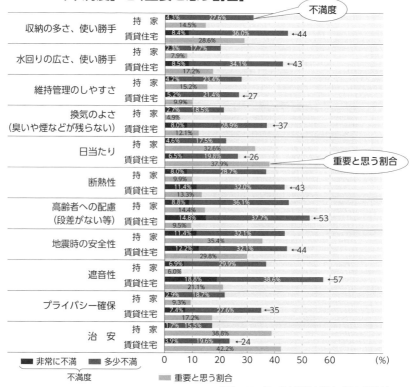

資料：2018年　住生活総合調査（国土交通省）

　加えて、重要と思っていないが不満度が高い項目（不満度と重要とした割合の差が大きい項目）は、「高齢者への配慮」、「遮音性」、「断熱性」、「水回りの広さ、使い勝手」、「換気のよさ（臭いや煙などが残らない）」となっており、住んでみないとわからない項目が不満の要因になっている。言い換えれば、事前の情報として知ることができなかった項目に不満が多い。逆に、重要とした項目で比較的不満が少ない（満足が高い）のは、「日当たり」や「治安」であった。事前に確認できる項目であるからではないか。

　持家の不満度と比較すると、「維持管理のしやすさ」を除く項目で、持家の不満度が賃貸住宅と比較して低い。特に「遮音性」の不満度が持家（37％）に対し、賃貸住宅（57％）と20ポイントも差がある。持家で暮らしていた若年層が、賃貸住宅に住み替えたときに、失望させないよう賃貸住宅そのものの性能を改善する必要性が高いといえるだろう。

　家計主の年齢別に、住み替え後の居住形態で賃貸住宅への意向をみてみる（**図4-28**）。年齢が上がるにつれて「民間賃貸アパート・マンション」への住み替え意向は減少するものの「50～54歳」の壮年世代でも２割程度のニーズがある。

　また、民間の戸建賃貸住宅へのニーズも「30～39歳」（9％）と子育て世代で最も多く生じており、持家に代わる選択肢として注目していきたい。

　今後の居住形態をみると、持家への住み替え意向が、持家の世帯でも、賃貸住宅の世帯でも、年々減少している（**図4-29**）。よりよ

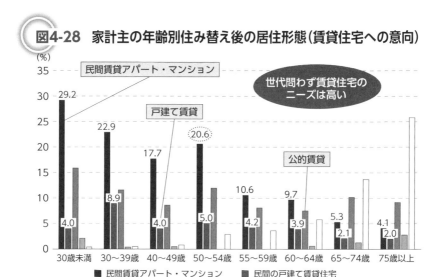

図4-28 家計主の年齢別住み替え後の居住形態（賃貸住宅への意向）

資料：2018年 住生活総合調査（国土交通省）

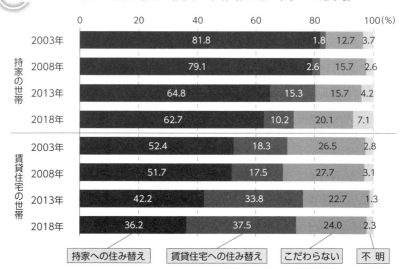

図4-29 今後の居住形態（持家・賃貸住宅に関する意向）

資料：2018年 住生活総合調査（国土交通省）

い住まい、居住環境を実現するため、所有形態にこだわらず、住み替えをする時代に変化しているのではないか。

特に、2020年の新型コロナウイルス感染症の感染拡大の影響に伴い、リモートワークや出勤時間の多様化が進みつつあることから、住み替えの目的も変化し、住まう人の生活に合わせた性能の高い住宅が選ばれるであろう。

また、景気の見通しもより不透明になったため、経済的要因で住み替えることが増加する傾向が予想され、住み替えやすい環境を整備することを心掛けたい。

これまでの賃貸住宅から持家に住み替えする主な理由は、「子育てのしやすさ」や「住宅の性能の向上」であった。また、賃貸住宅の不満度では、その住み替えにつながった理由となる「遮音性」や「高齢者への配慮」、「地震時の安全性」、「断熱性」が高かった。
賃貸住宅の性能を上げていき、その情報を、賃貸住宅に住みたい人のためにも、長期的に入居率を安定させたい賃貸住宅オーナーにとっても、確実に情報発信していくことが肝要ではないか。

5. 若者の消費行動

■若者の消費は消極的になったが「住まい」は重視

　少子高齢化が加速し、若者の人口が減少しているが、若者の消費行動は時代に敏感に反応し、時代を先取りしたものであることは今も昔も変わらない。消費者庁が発表した2017年消費者白書から、その行動変化をみる。

　まず、消費動向を可処分所得に占める消費支出をみると、世帯全体は長期的に低下傾向になっている（**図4-30**）。そのうち、世帯主が30歳未満の世帯も同様に低下している。1999年から2014年の推移をみると、全世帯平均が約29万５千円から25万４千円に減少し、

図4-30　1か月当たり消費支出

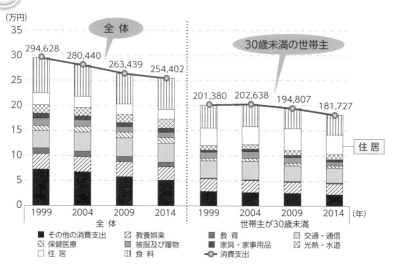

資料：2017年　消費者白書（消費者庁）

30歳未満世帯でも20万1千円から18万2千円に減少している。

　若者の世帯は住居費以外の費用は総じて減少し、特に食料費の切り詰めが大きくなっている（**図4-31**）。住居費は3万5千円から3万9千円に増えており、「住まい」は、若者にとって不可欠な要素なのではないか。

◯ 図4-31　1999年から2014年までの消費支出の変化額

資料：2017年　消費者白書（消費者庁）

　次に若者単身世帯の消費支出をみると、男性は約18万2千円から15万6千円で14％減の2万6千円減少、女性は16万8千円から16万1千円で4％減の7千円減少。男性の消費支出の減少がより顕著であるが、内訳をみると住居費は1万2千円も上昇している（**図4-32**）。

　どこにお金を掛けているか。消費者基本調査によると、どの世代

も「食べること」が最も多い。20歳代や30歳代の上位には、「ファッション」や「理容室や身だしなみ」に加えて、他の世代にない「貯金」があがってくる。これは、将来への不安の現れの1つである。賃貸住宅でこの不安を減らすためにも、どのライフステージでも持ち家を取得しなくても、こだわりの住まいを見つけられる環境づくりが、賃貸住宅のキーとなるのではないか。

図4-32　単身世帯（30歳未満）1か月当たりの1999年から2014年までの消費支出の変化額

資料：2017年　消費者白書（消費者庁）

■「車離れ」、「アルコール離れ」は本当か？

　若者の消費の支出項目で特徴的なのは、自動車の支出額である（**図4-33**）。単身30歳未満男性では、1999年から2014年にかけて1万9千円から7千円で、なんと6割も減少している。「ドライブでデート」は、昔の話になっている。

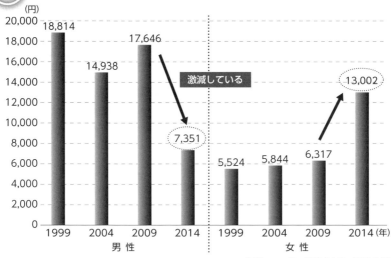

図4-33　単身世帯（30歳未満）1か月当たりの自動車関連費支出

資料：2017年　消費者白書（消費者庁）

第
4
章

　逆に単身30歳未満女性の自動車の支出額は、約5千円から1万3千円で約2.3倍になっている。これは、女性の社会進出による通勤や買い物の手段として増えていると推測できる。そのため単純に若者の車離れとは言い切れない。ただ、賃貸住宅における駐車場の設置については、どの層をターゲットにするか慎重に検討する必要があろう。

　次にアルコールの支出額をみると、男女ともに1999年から2014年にかけて減少傾向となっており、男性は1,261円、女性は519円となっている（**図4-34**）。ワイン好きの筆者としては、これほどまでに大幅なアルコール離れが起きていることに驚きを隠せない。オレンジジュースで乾杯する時代であり、もうすでに「ノミニケーション」という言葉は通じなくなっているのかもしれない。新型コロナウイルス感染症拡大後のソーシャルディスタンスを求められる世の

中では、若者とお酒でのコミュニケーションはより難しくなってい
くだろう。

図4-34　単身世帯（30歳未満）1か月当たりの酒類関連費支出

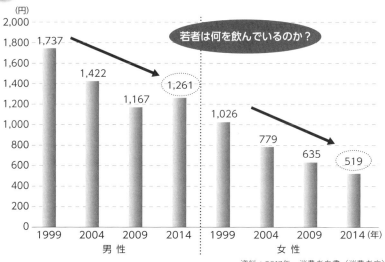

資料：2017年　消費者白書（消費者庁）

■スマホの利用時間は5時間以上が4割

　食料費、住居費に次いで大きいのが通信費である。通信費の内訳
をみると93%が携帯電話通信料となっている。2015年末時点で20
歳代の93%がスマートフォン（以下スマホ）を利用している。また、
15歳から25歳までの1日当たりスマホ利用時間は5時間以上が
42%を占めている（**図4-35**）。スマホが若者の生活必需品であり、
情報もテレビや新聞よりも、スマホから入手している。パソコンで
なく、スマホを活用しているので、賃貸住宅の入居者募集情報もス
マホ対応での提供をお奨めしたい。

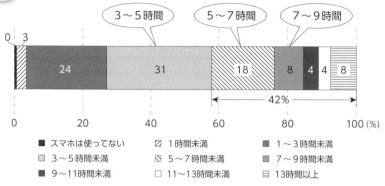

図4-35　スマホの1日当たりの利用時間（15歳〜25歳）

資料：2017年　消費者白書（消費者庁）

　じつは、海外の若者はパソコンの使用率が高い。15歳生徒のパソコン使用率をみると、2009年から2019年で主要国において日本だけが唯一、利用率が減っているのである（**図4-36**）。若者の将来のためにも、パソコンが利用できる住環境を整備する必要があるのではないか。

　若者の消費動向からみると、若者の「住まい」へのニーズは高いといえる。他の消費支出を減らしても「住まい」にこだわりを持つ傾向が新型コロナウイルス感染症拡大後の世界でも続くのではないかと考えられる。

　若者の生活を想定した「住まい」を、彼らの所得状況にあったお手頃価格な家賃の賃貸住宅の供給が望まれる。

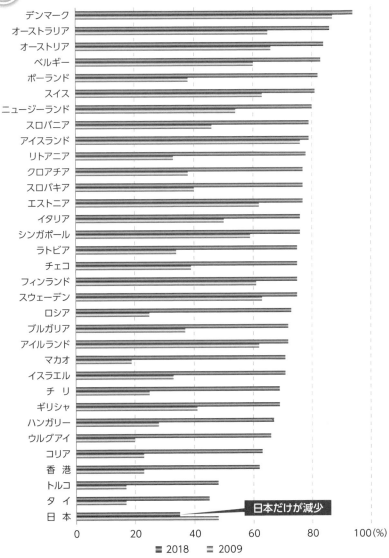

図4-36 15歳のパソコン使用率の変化

資料：ニューズウィーク日本版記事 2020年1月8日
「世界唯一 子どものパソコン利用率が低下している」舞田敏彦著

6. 「ワーク」と「ライフ」のバランスの本音

■「ライフ」より「ワーク」を優先

働き方改革の進展により、残業時間が減少し有休も取りやすいものの、残業代も減少してしまったサラリーマン、サラリーウーマンは多いだろう。仕事と家庭生活のバランスをどう考えているか、内閣府が公表した「企業等における仕事と生活の調和に関する調査研究」からみてみる。

「社会」「家庭生活」「地域社会・個人生活等」の3つについての優先内容の「希望」をみるとどの就労形態、性別でも「家庭生活を優先」する割合40%程度で高い傾向にある。一方、「実際」をみると、正社員・男性、同・女性は「仕事を優先」しており、家庭生活を優先したいが、現実は仕事が優先となっている人が多数である（図4-37）。

正社員の半数がワーク・ライフ・バランスを希望通り実現していなかった。しかし今回の新型コロナウイルス感染症拡大の影響で在宅勤務が推奨されたり、企業自体が在宅勤務へ移行したり、家庭と仕事のバランスが良くなる機運は高まりつつある。

■正社員単身男性で結婚したい人は約半分

次に20〜40歳代で結婚していない人の結婚の意向についてみてみる（図4-38）。「結婚したい・パートナーを持ちたい」が正社員・男性（50%）、同・女性（54%）。比較的優位な待遇の正社員でさえ、半数しか結婚願望がないのが現実だ。非正社員・男性（35%）、同・女性（45%）。未婚率が上昇している背景には結婚願望自体が低いことがある。

図4-37　ワーク・ライフ・バランスの優先内容（希望、実際）

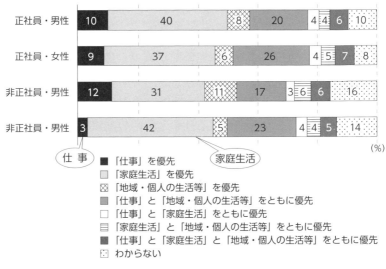

ワーク・ライフ・バランスの優先内容（希望）

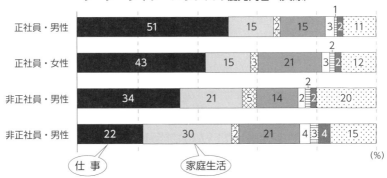

ワーク・ライフ・バランスの優先内容（実際）

2018年　企業等における仕事と生活の調和に関する調査研究（内閣府）

図4-38　未婚者の結婚の意向（20〜40歳代）

- ■ 結婚したい・パートナーを持ちたい
- ■ 結婚するつもりはない・パートナーを持つつもりはない
- □ わからない

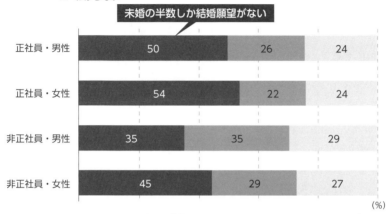

2018年　企業等における仕事と生活の調和に関する調査研究（内閣府）

 図4-39　家庭内の役割を果たすことが負担に思う割合

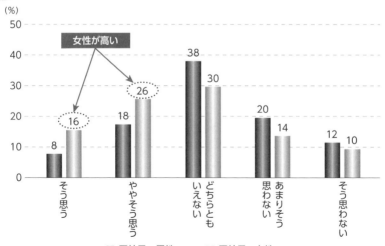

2018年　企業等における仕事と生活の調和に関する調査研究（内閣府）

第4章

　正社員の結婚への意識で「家庭内の役割を果たすことが負担に思う割合」は正社員の男性は「そう思う」（8％）に対し、同女性は「そう思う」（16％）と、女性の負担感が男性より重いことがわかる（**図4-39**）。

　「出産や子育てについて不安に思う割合」も同様に、女性のほうが不安感が高い（**図4-40**）。

　加えて、「配偶者や自分の親の介護が負担に思う割合」でも女性の負担感が高く、社会福祉の仕組みや制度を上手に活用できるよう働く女性へのサポートをする必要があろう（**図4-41**）。介護だけでなく、育児や家事がしやすい住まい、住宅の立地環境の改善が、働く女性の結婚願望を高めることにもつながるのではないか。

図4-40　出産や子育てについて不安に思う割合

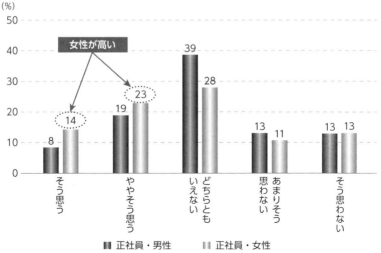

2018年　企業等における仕事と生活の調和に関する調査研究（内閣府）

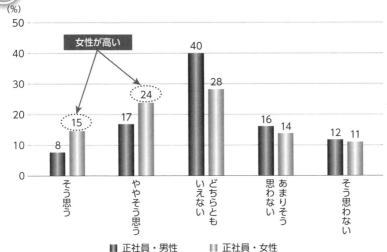

図4-41　配偶者や自分の親の介護が負担に思う割合

2018年　企業等における仕事と生活の調和に関する調査研究（内閣府）

　育児や家事、介護がしやすい住まいは、立地環境が「ワーク」と「ライフ」のバランスが取りやすい住まいとなるのではないか。女性目線で賃貸住宅のコンセプトづくりを検討すると、賃貸住宅市場の活性化につながるのではないだろうか。

第4章

7. 人と人のつながり

■65歳以上単身世帯男性の4人に1人は会話が週に1回以下

　「生活と支え合いに関する調査」は国立社会保障・人口問題研究所より公表されている。この調査は、生活困難の状況や家族や地域の人々の支え合いの実態を把握するものである。

　人とのつながりとなる最初の接点は会話である。普段、人とあいさつする程度の会話や世間話をどのくらいするか、会話頻度の割合をみてみる（**図4-42**）。全体では「毎日」（91％）、「2～3日に1回」（5％）、「4～7日（1週間）に1回」（2％）、「2週間に1回以下」（2％）の割合だ。

図4-42　単身世帯における会話頻度の割合

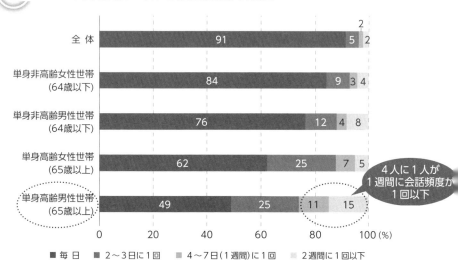

2017年　生活と支え合いに関する調査（国立社会保障・人口問題研究所）

単身世帯では「毎日」会話している割合は非高齢女性世帯（84％）、非高齢男性世帯（76％）、高齢女性世帯（62％）、高齢男性世帯は半数以下の49％である。とくに高齢男性世帯での内訳をみると「4～7日（1週間）に1回」（11％）、「2週間に1回以下」（15％）で、4人に1人が1週間に1回以下しか会話がない状態である。

会話からもう一歩踏み込んで、「日頃のちょっとした手助けで頼れる人の有無」の割合についてみてみよう（**図4-43**）。世帯全体での割合に比べ、とくに単身高齢男性世帯で「いる」（55％）、「いない」（30％）、「そのことで人に頼らない」（15％）のように、3人に1人は、日頃のちょっとした手助けを頼れる人がいないという状態である。

図4-43 **単身世帯における「日頃ちょっとした手助けで頼れる人」の有無の割合**

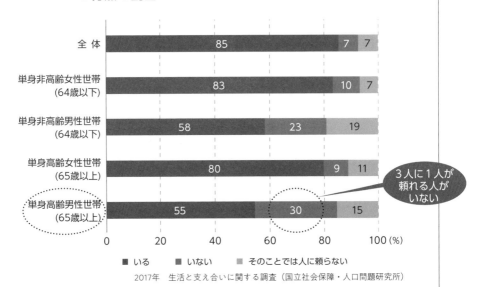

2017年　生活と支え合いに関する調査（国立社会保障・人口問題研究所）

加えて、「介護や看病で頼れる人の有無」は単身高齢男性のうち６割も頼れる人がいないと回答している。（**図4-44**）。

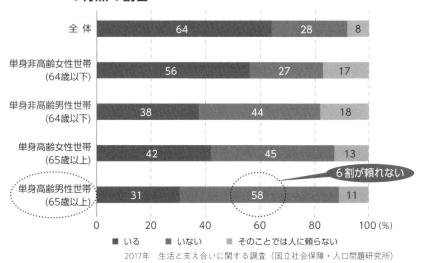

⃝ **図4-44　単身世帯における（子供以外の）介護や看病で頼れる人の有無の割合**

2017年　生活と支え合いに関する調査（国立社会保障・人口問題研究所）

このような状況を少しでも改善するために、住まいとコミュニティづくりにおいて、会話が生まれる工夫をする時代になっていくのではないだろうか。

これから日本の世帯構成は、高齢単独世帯が加速度的に増加していく。賃貸住宅は、高齢単身世帯以外にも、非高齢単独世帯も増えていくが、性別、年齢に関係なく人とつながりたい人には「つながり」が生まれる仕掛けづくりが欠かせなくなってきているといえる。

8. 直下型地震に備える

■首都直下型の地震の発生確率は70％

　先日、著者が住んでいるマンションで行われた避難訓練の中で、「関東地方で地震はいつ起きてもおかしくない状態である」との説明があった。内閣府のホームページでは近い将来の発生の切迫性が指摘されている大規模地震には、「南海トラフ地震」、「日本海溝・千島海溝周辺海溝型地震」、「首都直下地震」、「中部圏・近畿圏直下地震」がある。

　その中で、南海トラフ地震（関東から九州の広い範囲での強い揺れと高い津波が発生）と、首都直下地震（首都中枢機能への影響が大きい）は、今後30年以内に発生する確率が70％と高い数字で予想されている。10日間のうち7日間で地震が発生するという確率であり、いつ地震が起きてもおかしくない状態といえる。

　30年以内の発生確率が1％未満でも発生した熊本地震を考えると、気を引き締めなければいけないという思いである。なお被害規模は、「東日本大震災よりも甚大」と想定されている（**表4-1**）。

表4-1　地震対策検討ワーキンググループによる被害想定

	死者・行方不明者数	住宅全壊戸数
南海トラフ巨大地震	約32.3万人	約238.6万棟（東日本大震災の約20倍）
首都直下地震	約2.3万人	約61万棟（東日本大震災の約5倍）

資料：2013年　首都直下地震対策検討ワーキンググループ最終報告の概要

■地震による建物の崩壊が心配73%

　内閣府が2018年に発表した「防災に関する世論調査」によると、災害に遭うことを具体的に想像したことがある自然災害は、「地震」（81%）、「竜巻・突風・台風など風の被害」（44%）、「河川の氾濫」（27%）、「津波」（20%）の順となっている。「地震」が圧倒的に多いが、被害規模の大きさや不測の事態を8割の人が具体的に想像している。

　大地震が起こった場合に心配なことの上位5項目には、「建物の倒壊」、「家族の安否の確認ができなくなること」、「食料・飲料水・日用品の確保が困難になること」、「電気・水道・ガスの供給停止」、「家具・家電などの転倒」となっている。建物の崩壊が最も高い心配事項なのである（**図4-45**）。

　建物の耐震性は目では見えない性能であるが、賃貸住宅の選択肢

図4-45　大地震が起こった場合に心配なこと

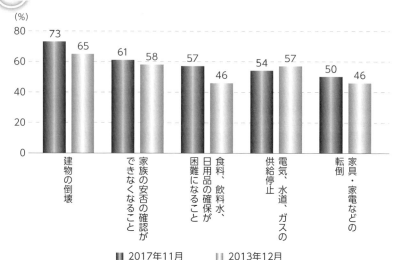

資料：2018年1月　防災に関する世論調査（内閣政府広報室）

のポイントとしてわかりやすい表現でアピールすることで、入居者
の方に支持される、選ばれる可能性が高くなると思う。

　大地震が起こった場合に備えて、どのような対策をとっているか
をみてみる（**図4-46**）。上位は、「自宅建物や家財を対象とした地震
保険（地震共済を含む）に加入している」（46％）、「食料や飲料水、
日用品などを準備している」（46％）などとなっている。食料や飲
料水の準備とともに、地震保険の加入が多い。2019年基準地震動
予測地図（30年間で震度6弱以上の揺れに見舞われる確率の分布
図）をみてわかるように、巨大地震はいつどこで起きてもおかしく
ない（**図4-47**）。

図4-46　大地震に備えている対策（複数回答）

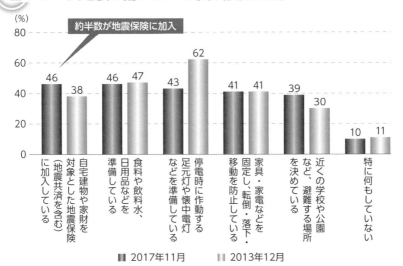

資料：2018年1月　防災に関する世論調査（内閣政府広報室）

図4-47 基準地震動予測地図（2019年）

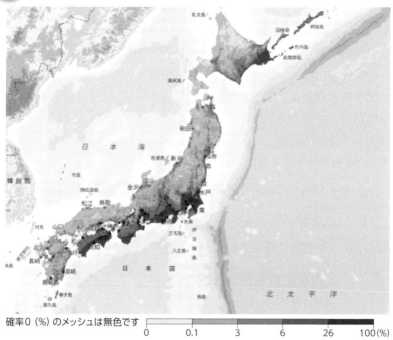

確率0（%）のメッシュは無色です

| 0 | 0.1 | 3 | 6 | 26 | 100(%) |

資料：2019年基準地震動予測地図（国立研究法人防災科学技術研究所ハザードステーション）
http://www.j-shis.bosai.go.jp/map/

　また、東京都では地震発生時の建物の倒壊や火災の危険性について、地域別に5段階で評価した危険度測定調査を公表している。都内の市街化区域の5177町丁目について測定しており、参考にされたい。

　入居者も賃貸住宅オーナーも同時に被災者になることから、日頃からの備えを意識したい。

　運営している賃貸住宅の防災対策を考える際に、まず今の状況を点検してみよう。

・建物の耐震性はどのくらいか

・避難経路の確保

・備蓄用品は用意できるのか

・オーナーまたは入居者の地震保険はどうなっているか

・被災時の連絡網はあるか

　できることから対応し、その結果を入居者・管理会社と共有することから始めてみるのはいかがか。

第5章

賃貸住宅のストックとハード

1. 持家と賃貸住宅のストック

■東京都の持家率は45%、過半数が賃貸住宅

　総務省の「2018年住宅・土地統計調査」によると、総住宅数6240万戸のうち、居住世帯のある住宅5361万6千戸で所有関係別にみると、持家は3280万2千戸（持家率61.2%）、賃貸住宅は1906万5千戸（賃貸住宅率35.6%）となる（**図5-1**）。持家率はこの20年間でほとんど変わっていない。住宅の所有関係別割合をみると、「民間賃貸住宅」（28.5%）、「公営賃貸住宅」（3.6%）、「給与住宅」（2.1%）、「都市再生機構・公社の賃貸住宅」（1.4%）で、民間賃貸住宅が賃貸住宅のほとんどを占めている（**図5-2**）。

　全国の持家率は61.2%だが、都道府県別でみると持家率が高い地

図5-1 持家数・賃貸住宅数・持家率の推移（全国）

資料：2018年　住宅・土地統計調査（総務省）

図5-2　住宅の所有関係別　住宅数の割合（全国）

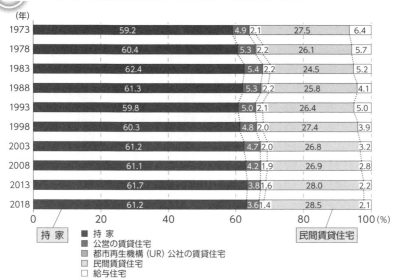

資料：2018年　住宅・土地統計調査（総務省）

域は富山県（76.8％）、福井県（74.9％）、山形県（74.9％）、逆に低い地域が沖縄県（44.4％）、東京都（45.0％）、福岡県（52.8％）と地域によってばらつきがある。ここでは、賃貸住宅が持家よりも多いエリアである東京都での持家と賃貸住宅のストックを比較する。

　まず、東京都の住宅の所有関係別建築時期別戸数をみると、賃貸住宅は「1991～2000年築」が多く、持家は「2001～2010年築」が多いが、分布の傾向はさほど変わらない（**図5-3**）。

　住宅種類別・建築年数別割合でみると、賃貸住宅においては「公営の賃貸住宅」の38％が築40年以上、「都市再生機構・公社の賃貸住宅」の54％が築40年以上となっており、公的賃貸住宅の老朽化が顕著である。一方、「民間賃貸住宅（非木造）」は、築40年以上のものが10％しかなく、公的賃貸住宅よりは、比較的築浅の住宅が多い（**図5-4**）。

第5章

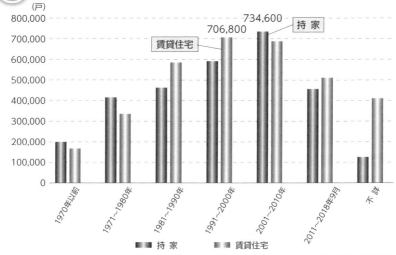

図5-3　住宅の所有関係・建築時期別の戸数（東京都）

資料：2018年　住宅・土地統計調査（総務省）

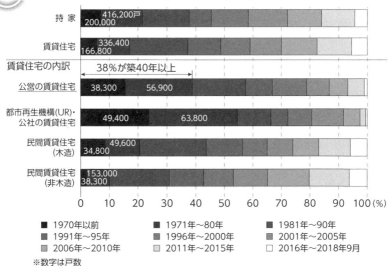

図5-4　住宅の種類・建築時期別の割合（東京都）

資料：2018年　住宅・土地統計調査（総務省）

■民間の賃貸住宅は約半数が29㎡以下

　次に共同住宅（非木造）の所有形態別・延床面積別の戸数をみる（**図5-5**）。分譲マンションと賃貸マンションを比較すると「29㎡以下」と「30～49㎡」で、圧倒的に賃貸マンションの住戸数が多くなっている。また、「70～99㎡」では、賃貸マンションの住戸数が減少しており、家族向けの大きさの住戸が極端に少ないことがわかる。分譲マンションの住戸数は、「70～99㎡」が最も多くなっている。

図5-5　共同住宅（非木造）所有形態別・延床面積別の戸数（東京都）

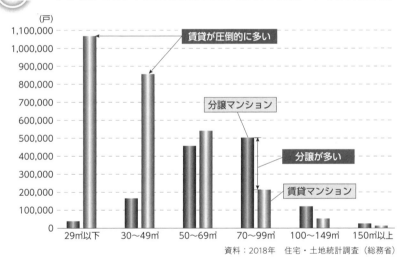

資料：2018年　住宅・土地統計調査（総務省）

第5章

　住宅種類別延床面積の割合をみると、「民間賃貸住宅（木造）」で「29㎡以下」が49％、「民間賃貸住宅（非木造）」で44％と、民間賃貸住宅の約半数が29㎡以下である（**図5-6**）。

図5-6　住宅種類別延床面積の割合（東京都）

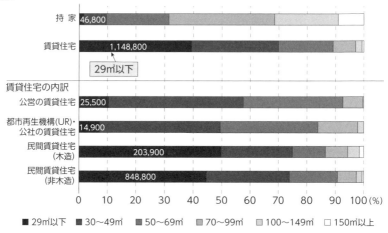

資料：2018年　住宅・土地統計調査（総務省）

　「都市再生機構・公社の賃貸住宅」47％、「公営の賃貸住宅」42％が「30～49㎡」と、民間賃貸住宅よりも公的賃貸住宅のほうが広い住戸となっている。しかし、公的賃貸住宅は築年数の古い住宅が多いことがわかる（**図5-4**）。結果的に、家族人数が多い世帯が、住戸の規模が大きく築浅の賃貸住宅を希望するが見つけることができず、持家を選択せざる得ない状況になっているのだ。

　築年別・住宅種類別の平均延べ面積をみると「持家」は「1991～1995年」が最も広く、102.4㎡となっており、他の築年数はほぼ90㎡前後である（**図5-7**）。一方、「賃貸住宅」は2005年以前に建築されたものは40㎡台であるが、2006年以降に建設されたものは30㎡台へと、新築の賃貸住宅は狭くなっている傾向にある。「2016

～2018年9月築」では「持家」93.8㎡、「賃貸住宅」37.7㎡で、賃貸住宅の広さは持家の4割程度の規模しかない。

図5-7 建築時期別・住宅種類別の平均延床面積（東京都）

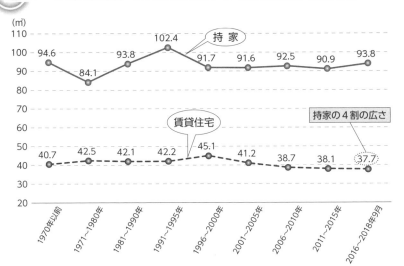

資料：2018年　住宅・土地統計調査（総務省）

第5章

　国際的に日本の住宅ストックがどのくらいのレベルなのか。一戸当たりの住宅床面積の国際比較をみてみる（**図5-8**）。日本の持家は119.9㎡でイギリスよりも広い。しかし、賃貸住宅は46.8㎡で最も狭く、アメリカの賃貸住宅の半分程度となっており、規模だけをみると世界的に最も低いレベルとなっている。

図5-8　戸当たりの住宅床面積（壁芯換算値）

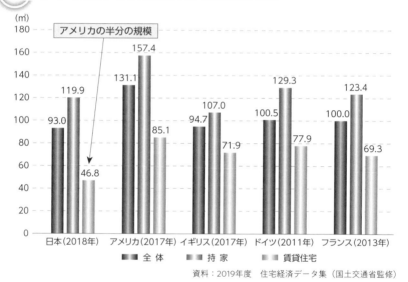

資料：2019年度　住宅経済データ集（国土交通省監修）

■賃貸住宅を長期活用するための性能とは

　住宅のほとんどが煉瓦による組積造であるイングランドの住宅ストックにおける築年時期の割合をみると、築100年以上の住宅が20％以上もあり、築56年以上の住宅が全体の55％である（**図5-9**）。日本と住宅の構造が異なるので単純には比較できないが、2戸に1戸が築50年以上の住宅である。東京都においては、非木造の賃貸住宅で築50年以上の住宅は2％しかなく、まだ日本では、住宅ストックを長期的に活用する段階になっていない。今後、持続可能な

社会となるようストックの活用方法も、変化が求められていくことは間違いないだろう。

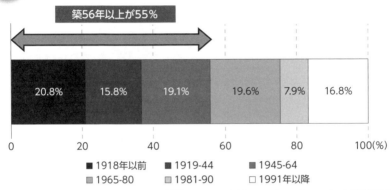

図5-9 イングランドにおける住宅ストックの建築時期

築56年以上が55%

| 20.8% | 15.8% | 19.1% | 19.6% | 7.9% | 16.8% |

■ 1918年以前　■ 1919-44　■ 1945-64
■ 1965-80　■ 1981-90　□ 1991年以降

資料：2017　English Housing Survey Data on Stock（英国政府）

　東京都の賃貸住宅のストックには、29㎡以下の住宅が多数存在する。発想を変えて、複数の住宅を同時に利用する、2戸の住宅を1戸に改築するリノベーションを試みるなど、入居者のニーズに合せていくことが求められていくのではないか。

　賃貸住宅を長く活用するためには、メンテナンスの重要性はもちろんあるが、住宅の建設時にしか対応できないことがある。それが以下の3つの性能である。どこまでできるか検討したい。

1）「耐震性」：地震に強い住宅を建てるため、どのような構造を採用するか

2）「省エネルギー性」：各住戸の省エネルギー性を良くするため、外部に面する壁や屋根部分への断熱や二重サッシなどを採用するか

3）「可変性」：間取りが変更できる構造、設備が更新できるような仕様を採用するか

2. 住宅設備の進化に追いつけるか

■温水洗浄便座の普及率は80％

　「消費動向調査」から住宅の耐久消費財の普及率をみよう（**図 5-10**）。1997年から2020年3月までの推移をみると、右肩上がりでほとんどの住宅設備の普及率が上昇しており、設備のレベルが確実に向上している。この状況に追いつくように、賃貸住宅の間取り、給排水設備、電気配線、ネット環境の整備等を計画する必要がある。

図5-10　主要耐久消費財の普及率（2人以上の世帯）

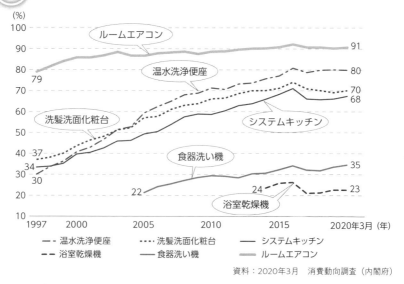

資料：2020年3月　消費動向調査（内閣府）

　なぜならば、賃貸住宅に入居する若者の実家の環境と同程度以上のものを用意できなければ、選ばれない賃貸住宅になってしまう可能性があるのではないか。例えば、ルームエアコンの普及率が91％、温水洗浄便座が80％、洗髪洗面化粧台が70％、システムキッチン

が68％と約７割程度普及している。これらの設備や機器は、『備えていて当たり前』の状態である。また、これから共働き世帯がますます増えるため、食器洗い機35％、浴室乾燥機23％もニーズが高くなる。台所には冷蔵庫や食器棚だけでなく、食器洗い機やさまざまな調理家電を置く場所を確保することが必要だ。社会の環境の変化に合わせた住宅設備を検討することにより、選ばれる賃貸住宅になることができるだろう。

　乗用車の普及率（２人以上世帯）は、1997年83％だったが2020年79％と緩やかな減少傾向となっている。単身世帯ではどうか。男女別・年齢層別の乗用車普及率を2005年と2020年と比較してみると、男女とも29歳以下の年齢層で10％以上減少している（**図5-11**）。賃貸住宅の立地や入居を想定する家族構成にもよるが、駐車場の計画は慎重な検討が必要であろう。

第5章

図5-11　男女・年齢層別　乗用車普及率（単身世帯）

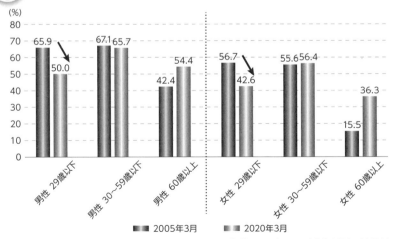

資料：2020年3月　消費動向調査（内閣府）

■パソコンは20年間で77%、スマホは5年間で84%の普及率

パソコン等の家電の普及率をみる（**図5-12**）。パソコンが20年間で77%の普及率に対し、スマートフォン（以下スマホ）はわずか5年間で84%にまで達している。また、新型コロナウイルス感染拡大の恐れのある社会の中では、世帯員全員がパソコンまたはスマホを所有し、「リモート学習／勤務」が可能な通信環境の整備が欠かせない要件となった。それと同時に、賃貸住宅事業そのものの運営の仕方も、リモート対応へ見直す時期にきている。建物の計画時、入居者募集、日頃の管理、入退去手続きなど、今後どのように進化・変化していくのか、注視していきたい。

図5-12　パソコン等の普及率 (2人以上の世帯)

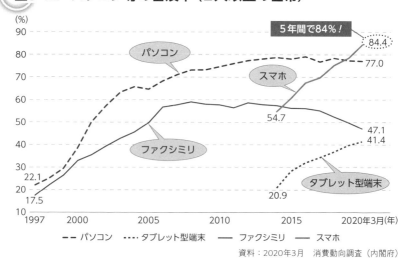

資料：2020年3月　消費動向調査（内閣府）

賃貸住宅事業は、超長期事業であるため、様々な設備の普及や技術進歩に対応していく必要がある。将来の姿に想像力をもって、現時点で起こり得る事案に備え、少しでも具体的な対応策を実施しておきたい。

3. 住宅政策水準からみる賃貸住宅マーケット

■1973年、全都道府県で住宅数が世帯総数を上回る

住宅政策の概要をひも解くと、戦後の住宅難の解消のため、公営住宅制度、日本住宅公団（現在の独立行政法人都市再生機構）、住宅金融公庫（現在の独立行政法人住宅金融支援機構）等による住宅及び住宅資金の直接供給のための政策手法を柱とした住宅政策が展開されていた（**図5-13**）。

1966年に「住宅建設計画法」が制定され、政府及び地方公共団体による住宅供給、民間による建設も含め、住宅建設五箇年計画を策定することとなった。第1期1966年〜1970年では「一世帯一住宅」の実現が目標であった。

この政策は8次にわたり住宅建設五箇年計画が実施され、「住宅難の解消」（1973年　全都道府県で住宅総数が世帯総数を上回った。）、「量の確保から質の向上へ」、「市場機能・ストック重視」などの目標が掲げられ、2005年度で住宅建設五箇年計画は終了した。

その後、住宅ストック量の充足、少子高齢化、人口・世帯数の減少等、社会経済情勢の著しい変化を受け、国民の豊かな住生活の実現を図るため、「住生活基本法」が2006年に制定された。住宅セーフティネットの確保を図りつつ、健全な住宅市場を整備し、住生活の「質」の向上を図る政策への転換がなされた。

さらに、住宅生活基本法に掲げられた基本理念、すなわち、現在及び将来の住生活の基盤となる住宅の供給、住民が誇りと愛着を持つことのできる良好な居住環境の形成、民間活力・既存ストックを活用する市場の整備と消費者利益の擁護と増進、低額所得者・高齢

図5-13　我が国における住宅政策の変遷

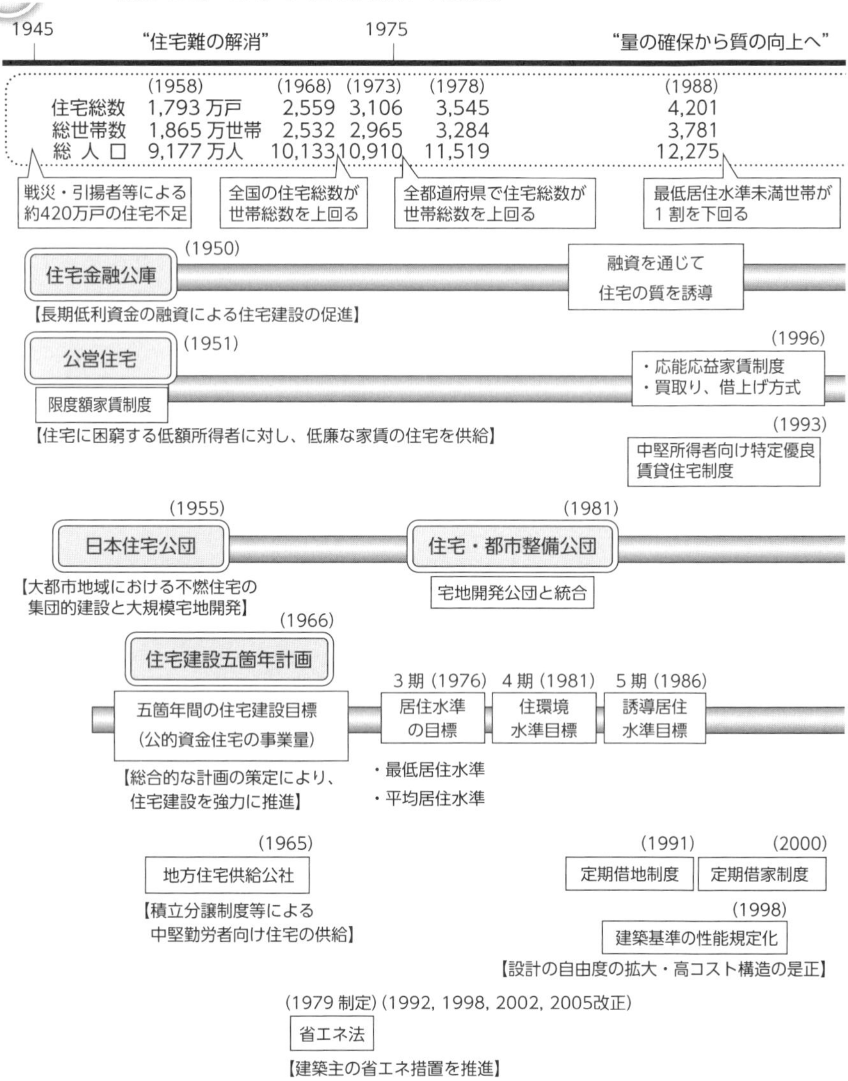

1945　　　　　　"住宅難の解消"　　　　　1975　　　　　　　"量の確保から質の向上へ"

	(1958)	(1968)	(1973)	(1978)	(1988)
住宅総数	1,793 万戸	2,559	3,106	3,545	4,201
総世帯数	1,865 万世帯	2,532	2,965	3,284	3,781
総 人 口	9,177 万人	10,133	10,910	11,519	12,275

戦災・引揚者等による
約420万戸の住宅不足

全国の住宅総数が
世帯総数を上回る

全都道府県で住宅総数が
世帯総数を上回る

最低居住水準未満世帯が
1 割を下回る

住宅金融公庫 (1950)

融資を通じて
住宅の質を誘導

【長期低利資金の融資による住宅建設の促進】

公営住宅 (1951)

(1996)
・応能応益家賃制度
・買取り、借上げ方式

限度額家賃制度

【住宅に困窮する低額所得者に対し、低廉な家賃の住宅を供給】

(1993)
中堅所得者向け特定優良
賃貸住宅制度

日本住宅公団 (1955)　　　　　　**住宅・都市整備公団** (1981)

【大都市地域における不燃住宅の
集団的建設と大規模宅地開発】

宅地開発公団と統合

住宅建設五箇年計画 (1966)

五箇年間の住宅建設目標
（公的資金住宅の事業量）

3 期 (1976)
居住水準
の目標

4 期 (1981)
住環境
水準目標

5 期 (1986)
誘導居住
水準目標

【総合的な計画の策定により、
住宅建設を強力に推進】

・最低居住水準
・平均居住水準

(1965)
地方住宅供給公社

【積立分譲制度等による
中堅勤労者向け住宅の供給】

(1991)
定期借地制度

(2000)
定期借家制度

(1998)
建築基準の性能規定化

【設計の自由度の拡大・高コスト構造の是正】

(1979 制定) (1992, 1998, 2002, 2005改正)

省エネ法

【建築主の省エネ措置を推進】

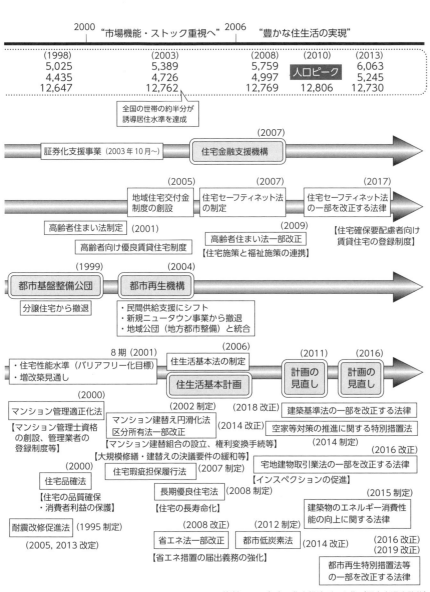

資料：2019年度　住宅経済データ集（国土交通省監修）

者・子育て家庭等の居住の安定の確保を具体化し、それを推進するための「住生活基本計画（全国計画)」が策定された。

　これまでに、民間賃貸住宅を対象とした住宅政策には、「中堅所得者向け特定優良賃貸住宅制度」、「高齢者向け優良賃貸住宅制度」などがあった。現在は、「高齢者の居住の安定確保に関する法律（高齢者住まい法)」による「サービス付き高齢者向け住宅」や「住宅確保要配慮者に対する賃貸住宅の供給の促進に関する法律（住宅セーフティネット法)」による「住宅確保要配慮者向け賃貸住宅の登録制度」がある。

　「住生活基本計画」（全国）の概要には、「現状と今後10年の課題」が掲げられている（**図5-14**）。賃貸住宅に関連する内容としては、次のような事項があげられる。対応策についても著者の意見を補足している。

①少子高齢化・人口減少の急速な進展、大都市圏における後期高齢者の急増による【高齢化問題】の課題については、高齢者が安心して住み続けることができる賃貸住宅の供給ができないか。
②世帯数の減少による空き家が増加している【空き家問題】に対しては、戸建て賃貸の供給が少ないことから、空き家を賃貸住宅にリノベし活用することができないか。
③出生率が減少している【少子化問題】については、子育て世帯が子育てしやすい賃貸住宅を供給できないか。
　これらに加えて、住宅ストックからの視点によると、耐震性を充たさない住宅、省エネルギー性が低い住宅、バリアフリー化していない住宅については、建て替えやリフォームなどにより、安全で質

の高い住宅ストックへの更新が課題としてあげられている。

図5-14　住生活基本計画（全国計画）の概要

新　た　な　住　生　活　基　本　計　画

住生活基本法制定	住生活基本計画（全国計画）	住生活基本計画（全国計画）
平成18年6月	平成18年9月策定 【計画期間】平成18年度〜27年度	平成23年3月策定 【計画期間】平成23年度〜32年度

おおむね5年毎に見直し →

現 状 と 今 後 1 0 年 の 課 題

(1) 少子高齢化・人口減少の急速な進展。大都市圏における後期高齢者の急増
【高齢化問題】
・後期高齢者：平成22年約1,419万人→平成37年約2,179万人（首都圏：約318万人→約572万人）
・高齢化に伴い生活保護受給世帯が増加　平成4年　約59万世帯→平成27年　約162万世帯

(2) 世帯数の減少により空き家がさらに増加【空き家問題】
・平成31年の5,307万世帯を頂点に世帯数は減少局面を迎え、平成37年5,244万世帯の見込み
・平成25年の空き家戸数：約820万戸（賃貸・売却等以外：約320万戸）

(3) 地域のコミュニティが希薄化しているなど居住環境の質が低下
・一般路線バスの路線廃止キロ：平成21年〜平成26年に約8,053km
・鉄軌道の廃線：平成12年度から平成26年度までに37路線、約754km

(4) 少子高齢化と人口減少が、1）高齢化問題　2）空き家問題　3）地域コミュニティを
支える力の低下といった住宅政策上の諸問題の根本的な要因【少子化問題】
・希望出生率1.8に対して1.4の現状

(5) リフォーム・既存住宅流通等の住宅ストック活用型市場への転換の遅れ
・住宅リフォーム市場規模：平成20年　約6.06兆円→平成25年　約7.49兆円
・既存住宅取引数：平成20年　約16.7万戸→平成25年　約16.9万戸

(6) マンションの老朽化・空き家の増加により、防災・治安・衛生面等での課題が顕在化
するおそれ【マンション問題】
・旧耐震基準時代に建設されたマンションストック：約106万戸

資料：2019年度　住宅経済データ集（国土交通省監修）

■住生活基本計画における水準とは

　「住生活基本計画」においては、「住宅性能水準」、「居住環境水準」、「居住面積水準」の3種類の「水準」が設けられている（**図5-15**）。「住宅性能水準」は個々の住宅についての性能の指針、「居住環境水準」

第5章

図5-15　住生活基本計画における「水準」について

「住宅性能水準」
居住者ニーズ及び社会的要請に応える機能・性能を有する良好な住宅ストックを形成するための指針
1．基本的機能 (1) 居住室の構成・設備水準等 (2) 共同住宅の共同施設 2．居住性能【居住者の直接的なニーズへの対応】 (1) 耐震性等、(2) 防火性、(3) 防犯性、(4) 耐久性 (5) 維持管理等への配慮、(6) 断熱性等、 (7) 室内空気環境、(8) 採光等、(9) 遮音性 (10) 高齢者等への配慮、(11) その他 3．外部性能【社会的要請への対応】 (1) 環境性能 (省エネルギー、地域材・再生建材の利用、 　　　　　　　建設・解体時の廃棄物の削減等) (2) 外観等 (周辺との調和等)

「居住環境水準」
地域の実情に応じた良好な居住環境の確保のための指針
(1) 安全・安心 　　①地震・大規模火災に対する安全性 　　②自然災害に対する安全性 　　③日常生活の安全性、④環境阻害の防止 (2) 美しさ・豊かさ 　　①緑、市街地の空間のゆとり・景観 (3) 持続性　①良好なコミュニティ・市街地の持続性 　　　　　　②環境負荷への配慮 (4) 日常生活サービスへのアクセスのしやすさ 　　①高齢者・子育て世帯等の各種生活サービスへの 　　　アクセスのしやすさ、②ユニバーサルデザイン ※地方公共団体が住生活基本計画を策定する際の居住環境水準に関する 　指標 (地域の実情に応じて設定) を例示

「居住面積水準」

		世帯人数別の面積 (例) (単位：㎡)				これだけはクリアしたい水準
		単身	2人	3人	4人	
最低居住面積水準	世帯人数に応じて、健康で文化的な住生活の基礎として必要不可欠な住宅の面積に関する水準 (すべての世帯の達成を目指す)	25	30【30】	40【35】	50【45】	
誘導居住面積水準	世帯人数に応じて、豊かな住生活の実現の前提として、多様なライフスタイルを想定した場合に必要と考えられる住宅の面積に関する水準	<都市居住型> 都心とその周辺での共同住宅居住を想定	40	55【55】	75【65】	95【85】
		<一般型> 郊外や都市部以外での戸建住宅居住を想定	55	75【75】	100【87.5】	125【112.5】

【　】内は、3～5歳児が1名いる場合

資料：2019年度　住宅経済データ集 (国土交通省監修)

は住宅の建っている地域の居住環境の指針、「居住面積水準」は世帯人数に応じた住宅の面積水準である。

「最低居住面積水準」は、世帯人数に応じて健康で文化的な住生活の基礎として必要不可欠な住宅の面積に関する水準で、すべての世帯の達成を目指す。つまり、住宅として必要最低限の面積である。

「誘導居住面積水準」は、世帯人数に応じて豊かな住生活の実現の前提として、多様なライフスタイルを想定した場合に必要と考えられる住宅面積の水準である。

誘導居住面積水準の「都市居住型」は都心とその周辺での共同住

宅居住を想定し、「一般型」は郊外や都市部以外での戸建住宅居住を想定している。

■賃貸住宅は居住面積水準に適合しているか

「最低居住面積水準」の適合状況を全国の持家の世帯人数別にみると、ほぼ達成している（**図5-16**）。賃貸住宅の場合は、「1人世帯」で23％が最低居住面積である25㎡未満となっている。また、世帯

図5-16　世帯人数別・最低居住面積水準の適合割合（持家・賃貸住宅）

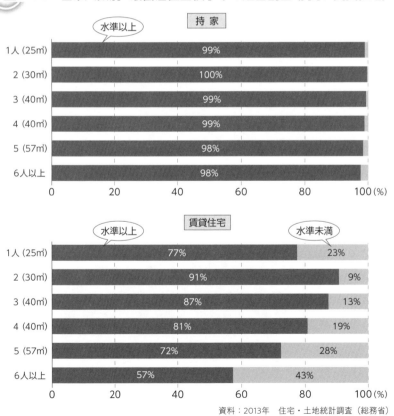

資料：2013年　住宅・土地統計調査（総務省）

人数が増えると、最低居住面積を下回る世帯が増えている。特に「6人以上世帯」の賃貸住宅に居住する世帯は10万9700世帯であるが、その43%が最低居住面積未満となっている。

　賃貸住宅は戸建てが少なく、立地も都心周辺が多数であるため、共同住宅で都心及び都心近郊の水準である「都市居住型誘導居住面積水準」について、確認する。持家の「都市居住型誘導居住面積水準」の適合状況をみると、「1人世帯」88%、「2人世帯」87%で、

🔲 図5-17　都市居住型誘導居住面積水準の適合割合（持家・賃貸住宅）

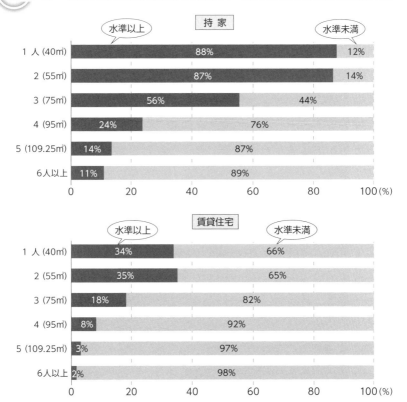

資料：2013年　住宅・土地統計調査（総務省）

ほぼ達成しているが、「３人世帯」56％と水準未満の世帯が増加する（**図5-17**）。「４人世帯」の水準は持家共同住宅で95㎡となり、この規模以上の供給量が少ないことから、適合状況は24％となっている。

　賃貸住宅の「都市居住型誘導居住面積水準」の適合状況をみると、「１人世帯」34％、「２人世帯」35％で、持家と比較するとかなり低いことがわかる。３人以上の世帯でも同様の傾向になっている。ゆとりのある規模だと家賃が高額となるため、供給が難しいと推測できるが、入居者側からみれば、賃貸住宅のバリエーションが少なくなっていることとなる。

　家族類型別・所有形態別の住宅延べ面積をみる（**図5-18**）。持家はどの家族類型も住宅の延べ面積に多様性があるが、賃貸住宅では、

第
5
章

図5-18　家族類型別・所有形態別の住宅延床面積比較

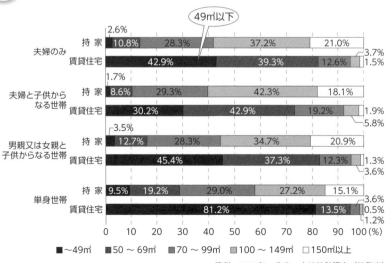

資料：2013年　住宅・土地統計調査（総務省）

「夫婦と子供からなる世帯」を除くと、どの家族類型でも「49㎡以下」の住宅が多く、選択肢がかなり少ない状態になっている。特に単身世帯では、持家の場合、様々な大きさの住宅であるが、賃貸住宅の場合は「49㎡以下」が81％となっている。

■40歳未満の単身世帯は９割以上が賃貸居住

２人以上世帯の住宅ストックの状況をみる（**図5-19**）。世帯主40

図5-19　二人以上の世帯における住宅ストックの現状（年代別）【2013年時点】

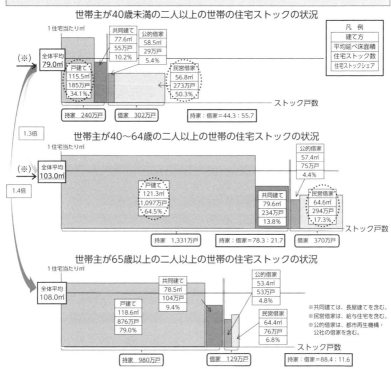

資料：2013年住宅・土地統計調査（総務省のデータを使用し国土交通省が作成）

歳未満の世帯で「民間賃貸住宅」50％だが、世帯主40～64歳の世帯では17％に減少する。同じく、世帯主40歳未満の世帯で「持家戸建」34％だが、世帯主40～64歳の世帯では65％へと増加し、全体平均も79㎡（※）から103㎡（※）へ上昇している。つまり、持家を取得して、住宅の規模が大きくなっている。

単身世帯の住宅ストックの状況をみる（**図5-20**）。

図5-20　単身世帯における住宅ストックの現状（年代別）【2013年時点】

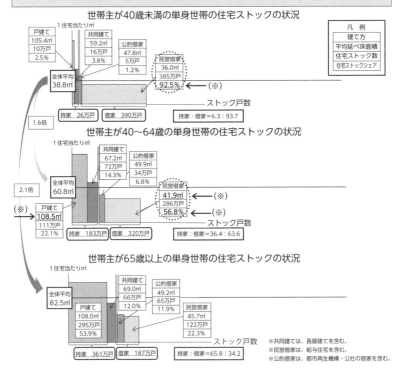

○単身40歳未満は9割以上が借家住まい。単身65歳以上は3分の2が持家。

資料：2013年住宅・土地統計調査（総務省のデータを使用し国土交通省が作成）

　世帯主40歳未満の世帯では「民間賃貸住宅」93％（※）で、ほとんどが賃貸住宅に住んでいる。世帯主40〜64歳の世帯で、「民間賃貸住宅」57％（※）に減少するが、それでも5割以上が賃貸住宅住まいのままである。民間賃貸住宅の平均面積が41.9㎡（※）で、持家戸建108.5㎡（※）、持家共同建て67.2㎡と比較しても、住宅の面積がかなり狭い状況である。この状況から規模の大きめな住宅を選択しようとすると、賃貸住宅は狭い住宅しか存在しないので、持家を取得することになっているのではないか。

　しかし首都圏では、住宅の価格と年収倍率の推移をみると、世帯年収が上昇していない要因もあるが、分譲マンションの価格に対する年収倍率は年々上昇し、2018年には7.3倍となり、住宅ローンの負担が年々重くなっている（**図5-21**）。新型コロナウイルス感染症

図5-21　マンション価格の年収倍率（首都圏）

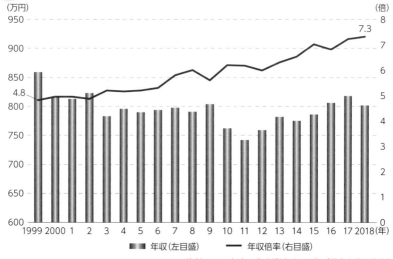

資料：2019年度　住宅経済データ集（国土交通省監修）

の拡大のような、予測がつかないことが起きる可能性や経済状況の急変を考えると「住宅の規模を大きくするため住宅ローンで住宅を取得する選択肢」以外の別の道をつくる必要性がある。その近道が、家を買わなくてもよいように、賃貸住宅の供給する住宅規模を変えていくことかもしれない。

　「最低居住面積水準」（世帯人数に応じて健康で文化的な住生活の基礎として必要不可欠な住宅の面積に関する水準）と「誘導居住面積水準」（世帯人数に応じて豊かな住生活の実現の前提として多様なライフスタイルを想定した場合に必要と考えられる住宅面積の水準）を考慮（**図5-15**）して、どのような世帯人数を想定した賃貸住宅を計画したいのか、どのようなライフスタイルを実現できる賃貸住宅とするのかなど、住む人の立場で住宅の水準を検討していただきたい。

　また、持家を取得しなくても、快適な住生活ができるような住まいづくりは、長期事業である賃貸住宅業では欠かせない視点である。

第5章

4. 空き家と賃貸住宅

■空き家率は13.6%で過去最高

　よく言われている「空き家問題」とは、住む人がいなくなり、住宅が放置されることにより、住宅の管理がされず、その住宅によって地域の防災面、衛生面、景観面などにおいて、さまざまな問題が生じることである。空き家が生じている状況であれば、新築するよりも、既存の住宅を活用すべきではないかという意見が多数ある。賃貸住宅の空き家の実態はどのようになっているのか。

　「住宅土地・統計調査」によると日本全国の総住宅数は、2013年の前回調査より177万戸（3%）多い6240万戸となり過去最多を更新した（**図5-22**）。人口は2013年から減少に転じているが、住宅数はいまだに増加している。1963年以前には総世帯数が総住宅数を上回っていたが、1968年に逆転し、2018年時点で1世帯当たりの住宅数は1.16戸となっている。

　空き家数は、2013年の前回調査より29万戸（4%）増加して空き家率は13.6%、849万戸となり過去最多となっている（**図5-23**）。

■空き家のうち、約5割が賃貸用の住宅

　全国での空き家率が「13.6%」と知って驚いた方も多いのではないだろうか。ただし、これは住宅総数に占める空き家の割合のため、賃貸住宅のみをベースにした数字ではない。

　全国の空き家の内訳をみると「賃貸用の住宅」433万戸（51%）、「二次的住宅」（別荘やふだん住んでいる住宅とは別に残業で遅くなったとき泊まるような住宅等）38万戸（5%）、「売却用の住宅」29万戸（4%）、「その他の住宅」（賃貸用でも売却用でも別荘でも

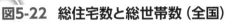

図5-22　総住宅数と総世帯数（全国）

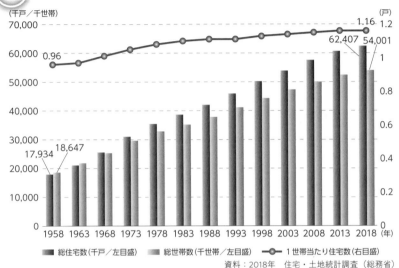

■ 総住宅数（千戸／左目盛）　　■ 総世帯数（千世帯／左目盛）　　●─● 1世帯当たり住宅数（右目盛）

資料：2018年　住宅・土地統計調査（総務省）

図5-23　空き家数と空き家率（全国）

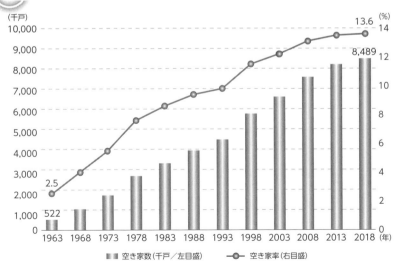

■ 空き家数（千戸／左目盛）　　●─● 空き家率（右目盛）

資料：2018年　住宅・土地統計調査（総務省）

第5章

203

ない住宅で転勤・入院などで長期にわたって不在の住宅や取り壊し予定となっている住宅）349万戸（41%）となっている。空き家の半分程度が賃貸住宅である（**図5-24**）。

図5-24　空き家の内訳（全国）

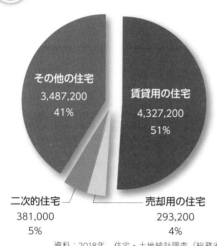

その他の住宅
3,487,200
41%

賃貸用の住宅
4,327,200
51%

二次的住宅
381,000
5%

売却用の住宅
293,200
4%

資料：2018年　住宅・土地統計調査（総務省）

また、空き家となっている賃貸住宅のうち、住宅の主要な構造部分（壁・柱・床・はり・屋根等）が腐朽や破損している住戸が80万戸ほど存在する。そのため、実質的に賃貸用の住宅として活用できる空き家戸数は約350万戸で総住宅数（6240万戸）の約6％となる。

建て方別の空き家数をみると、「共同住宅」475万戸、「一戸建」317万戸、「長屋建」50万戸である。「一戸建」の増加傾向が続いているが、「共同住宅」、「長屋住宅」は増加傾向が鈍化している。アパートや賃貸マンションの新規供給が減少してきているからであろう（**図5-25**）。

建築時期別の共同住宅の民営住宅の空き家割合をみる。2000年築以前の住宅の割合が高くなっている。築20年以上で空き家が増えている。アパートローンの返済期間中での空き家は、賃貸住宅事業の収支が成り立たなくなる可能性が出てくる。住宅のメンテナンスや入居者のニーズに合わせた工夫に努めたい（**図5-26**）。

図5-25　建て方別の空き家数（全国）

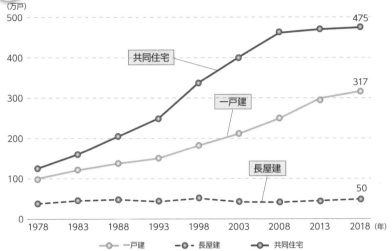

資料：2018年　住宅・土地統計調査（総務省）

図5-26　建築時期別の共同住宅の空き家割合（全国）

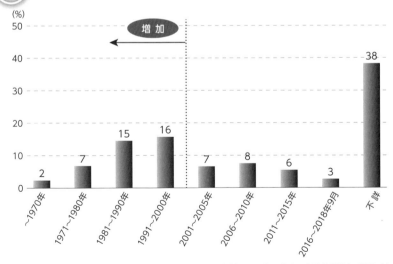

資料：2018年　住宅・土地統計調査（総務省）

第5章

次に床面積別の共同住宅の民間賃貸住宅の空き家割合をみる。床面積「100㎡以上」が最も少なく（1.3%）、住戸の規模が狭くなるほど空き家の割合が高くなる。「29㎡以下」と「30〜49㎡」で全体の半数程度となることから、規模の狭い住戸は、空き家のリスクが立地によっては生じることを考慮して、当初の計画を立てるべきであろう（**図5-27**）。

図5-27　床面積別の民間賃貸住宅共同住宅の空き家割合

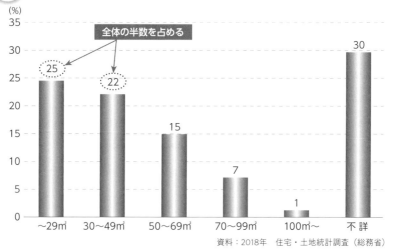

資料：2018年　住宅・土地統計調査（総務省）

賃貸住宅を選ぶ入居者の目線からみれば、ある程度空き家が存在した方が好ましい。その分、選択肢が広がるわけである。しかし、賃貸住宅オーナー側からみると、供給過多で競争が激しくなるのは避けたいところである。

築年数が経過したとしても、入居者が喜ぶ住まいはどのようなものか、通常のメンテナンスとともにその賃貸住宅にしかできない要素は何か、オーナーは常に考えて運営することが、空き家としないためのキーポイントであろう。

5. 賃貸住宅の着工事情

■賃貸住宅着工は３年度連続の減少

　国土交通省が発表した「建築着工統計」によると2019年度の新設住宅着工戸数は、88万3687戸、前年比7.3％減で３年度連続の減少となった(**図5-28**)。その推移をみると2009年のリーマンショック、2014年消費税８％への引上げの影響がみてとれるが、人口の減少傾向から全体として着工は減少している。どのような住宅がフロー（新規供給）として建てられているかを知ることは、賃貸住宅市場での競合相手の状況を理解することにもなる。

図5-28　利用関係別の住宅着工数

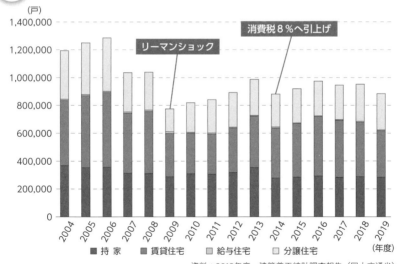

資料：2019年度　建築着工統計調査報告（国土交通省）

　利用関係別の新設住宅着工数の推移をみる（**図5-29**）。まず、全体の38％を占めている賃貸住宅だが、住宅着工戸数は33万５千戸

で前年比14％減、３年度連続の減少となった。持家は28万３千戸で前年比２％減と昨年度の増加から再びの減少、分譲住宅は26万９千戸で同３％減となっている。

図5-29　利用関係別の住宅着工数の前年比

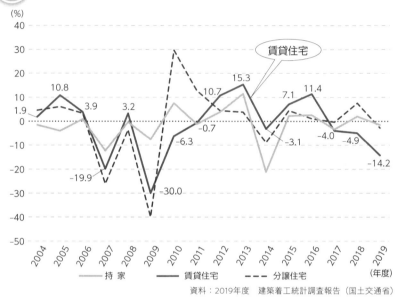

資料：2019年度　建築着工統計調査報告（国土交通省）

　次に、賃貸住宅の構造別の着工戸数の推移をみてみる（**図5-30**）。2000年代は鉄筋コンクリート造が最も多かったが、2014年以降は木造の着工が多くなり、2019年度は、木造が12万３千戸で最も多く貸家着工の４割近くを占め、次いで鉄筋コンクリート造（11万６千戸）、鉄骨造（９万３千戸）と続いている。2005年頃は鉄筋コンクリート造の着工数が最も多かったが、ここ５年では木造の着工数が多くなっている。

　また、どの構造区分であっても、建築基準法の新耐震基準（震度５強程度の中規模程度では軽微な損傷、震度６強から７に達する程

度の大規模地震でも倒壊は免れる）以上のレベルの耐震性を確保している。

図5-30 賃貸住宅の構造別新設住宅着工数

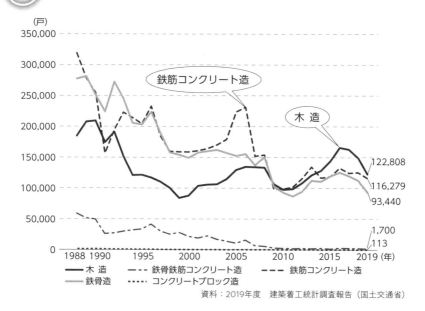

資料：2019年度　建築着工統計調査報告（国土交通省）

■賃貸住宅の１戸当たり床面積は47.5㎡

　2019年度に着工した住宅全体の１戸あたり床面積は82.7㎡である。そのうち持家118.9㎡、賃貸住宅47.5㎡、分譲住宅89.0㎡で賃貸住宅が最も狭いことがわかる（**表5-1**）。共同住宅の賃貸住宅と分譲住宅について、戸当たり床面積をみてみると、2013年度から2019年度にかけて、賃貸住宅が48.8㎡から4.0㎡も減少し44.8㎡、分譲住宅も80.4㎡から10.7㎡減の69.7㎡となった。分譲マンションも賃貸マンションも住戸規模が小さく狭くなっている。なお、戸当たり床面積は専有面積ではなく、廊下や階段部分を含めての面積であるため、実際の専有面積はもっと狭いこととなる。賃貸住宅も分譲住宅も戸当たり床面積が狭くなる現象は、世帯収入の水準が上昇していないことが要因の１つであろう（**図5-31**）。

表5-1　新設住宅着工の1戸あたり床面積（㎡）

	計	一 戸 建	長 屋 建	共同住宅
全　　体	82.7	113.7	52.8	52.8
持　　家	118.9	119.1	88.5	103.6
賃貸住宅	47.5	92.3	52.0	44.8
給与住宅	66.7	149.1	57.0	50.1
分譲住宅	89.0	104.0	69.2	69.7

資料：2019年度　建築着工統計調査報告（国土交通省）

　建て方別・利用関係別・床面積別の着工戸数をみてみる。「一戸建て」については、「持家」、「分譲住宅」ともに「121㎡以上」が多い（**図5-32**）。賃貸住宅の一戸建はほとんど供給されておらず、全体の２％しかない。

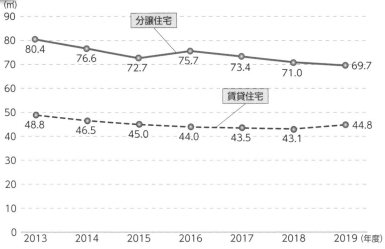

図5-31　共同住宅（賃貸住宅と分譲住宅）の1戸当たり床面積

資料：2019年度　建築着工統計調査報告（国土交通省）

図5-32　一戸建て利用関係別・床面積規模別の着工数

資料：2019年度　建築着工統計調査報告（国土交通省）

第5章

　「長屋建て」については、賃貸住宅が全体の97％を占め、ほとんどが賃貸住宅である。とくに「51～60㎡」の区分が多い（**図5-33**）。

図5-33　長屋建て利用関係別・床面積規模別の着工数

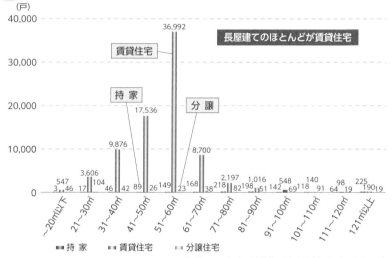

資料：2019年度　建築着工統計調査報告（国土交通省）

　「共同住宅」について賃貸住宅は、全体の67％を占める。とくに「31～40㎡」が最も多くなっている（**図5-34**）。

　「分譲住宅」は「81～90㎡」が多い状態と比較すると賃貸住宅は小規模な住宅の供給が中心となっている。

　以上の全体的な着工数でみると、61～90㎡規模の住宅が新築として供給されていないことがわかる。賃貸住宅だけ着目してみると、71㎡以上の供給がほとんどない。「第4章4なぜ住み替えするのか（147頁）」で触れたように、「賃貸住宅」から「持家」に住み替える理由は「子育てのしやすさ」が55％で圧倒的に多く、「賃貸住宅」では狭くて子育てができない現実がみえてくる。

図5-34　共同住宅利用関係別・床面積規模別の着工数

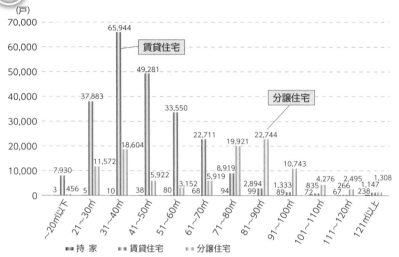

資料：2019年度　建築着工統計調査報告（国土交通省）

　各行政レベルで住宅の着工統計が発表されている。実際の賃貸住宅事業の計画段階で、建設予定地の周辺の着工動向を確認されることをお勧めしたい。着工件数、規模、構造などから、ライバルとなる新築物件が賃貸マンションなのか、アパートなのかなどを把握することができ、入居者募集のマーケティングに役立つのではないか。

　また、住宅を所有しない賃貸住宅派のためにも、子育てに対応できて、家族人数が増えても住み続けることができる賃貸住宅、とくに71㎡以上の住宅の供給が期待される。71㎡以上の賃貸住宅に住みたいと入居者が希望しても、市場にはほとんど供給されていないのだ。

第5章

第**6**章

これからの住まいづくりのコツ

1. 「見えない質」を極める

遮音性、断熱性、ユニバーサルデザイン

■真剣に居住性能を考えてみる

居住性能の一部である「見えない質」とは何か。住宅を選ぶときには、事前に把握することができず、住んでから不満となって現れる「質」のことである。具体的には「遮音性」や「断熱性」、そして誰でも住むことができる「ユニバーサルデザイン」（例：車椅子で住戸内の移動ができるよう床の段差がない、扉や廊下の幅が確保されているなど）などである。

分譲マンションを購入するときにはマンション紹介の分厚いパンフレットがあり、建物の躯体、壁厚や床の構造、地盤の情報から、設備の詳細、天井高さ、断面図、詳細な間取りなど様々な資料（情報）をみることができる。

一方、賃貸住宅の場合、最寄り駅から○分、鉄骨造、１LDK、フローリング、設備の有無程度で、何十年も前から、物件の表示項目は大きくは変わっていない。つまり、「見えない質」は、事前に検討できないことに加え、その良し悪しが家賃に反映しにくいのである。住んでみて初めて、隣の住戸から聞こえてくる生活音に驚くこととなる。

「遮音性」や「断熱性」の不満度（非常に不満か多少不満）を、持家と賃貸住宅を比較する。「遮音性」の不満度は、持家37％、賃貸住宅58％で、21ポイントも賃貸住宅への不満が高い。賃貸住宅の約６割が一戸建、長屋建、共同住宅ともに同様の傾向である（**図6-1**）。「断熱性」への不満度は、持家37％、賃貸住宅43％で、６ポイントではあるが、賃貸住宅への不満が高い。建方別にみると、どちらも一戸建・長屋建の不満が高くなっている（**図6-2**）。明らかに

図6-1 遮音性への不満度

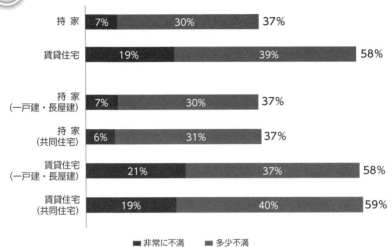

資料：2018年　住生活総合調査（国土交通省）

図6-2 断熱性への不満度

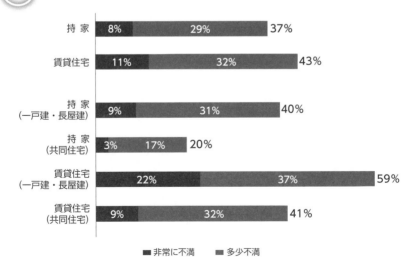

資料：2018年　住生活総合調査（国土交通省）

第6章

持家の性能のほうが高くなっている。

　「断熱性」を確保するためには、壁や天井などに断熱材を入れ住宅全体を包みこむことが重要であるが、「窓」の断熱性能を上げることも同様に重要である。なぜならば、開口部となる窓やドアから家の熱が逃げる割合は約５割である。窓の大きい部屋は寒いと感じるのは、このためである。建築時期別所有形態別二重サッシまたは複層ガラスの窓（断熱性能が高い）の割合をみると、持家が46％、民間賃貸住宅が17％で、民間賃貸住宅が持家の半分以下となっている（**図6-3**）。窓の断熱性能を上げる、つまり、二重サッシや複層ガラスの窓を採用するだけで、居住性能での区別化ができる。

図6-3　建築時期別所有形態別二重以上のサッシ又は複層ガラス窓がある住宅の割合

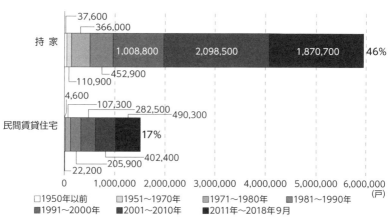

資料：2018年　住宅・土地統計調査（総務省）

　また、65歳以上の世帯主の住宅では、「廊下など車椅子での通行可能な幅」がある住宅は、持家共同住宅が36％と高い。持家戸建20％、賃貸共同住宅18％、戸建賃貸住宅は５％と少ない。「段差のない屋内」でも同様の傾向である。持家でも全体の２割程度しか「ユ

ニバーサルデザイン」を採用していないのは意外であった。超高齢化社会への対応は途上段階であることがわかる。今後は、住宅の性能としては不可欠な要素になっていくことは間違いない（**図6-4**）。

図6-4 廊下などが車椅子で通行可能な幅がある/段差のない屋内設備の割合（65歳以上の世帯主の場合）

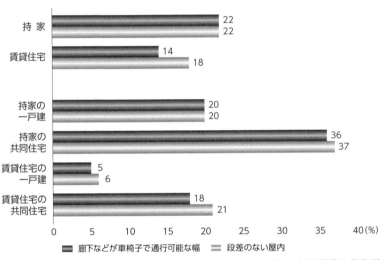

資料：2013年　住宅・土地統計調査（総務省）

　分譲マンションは、築年数を経ると自宅を賃貸住宅として貸し出す「賃貸住宅化」となる傾向にある（**図6-5**）。毎年、分譲住宅仕様の賃貸住宅が供給される。加えて、住み替え後、売却せずに賃貸住宅化する持家戸建もある。これらの住宅との入居者確保の競争が生じる可能性がある。また、これから、賃貸住宅に入居する若者の実家が持家であれば、住宅の居住性能に敏感に反応するであろう。いったん入居したとしても、短期間に引っ越しをしていく。これから、働く世代の人口減少のため、住宅が余ることも予想され、どの世代でも長く住むことができる賃貸住宅を意識することが肝要ではないか。

図6-5　賃貸住宅化しているマンションの戸数割合（完成年度別）

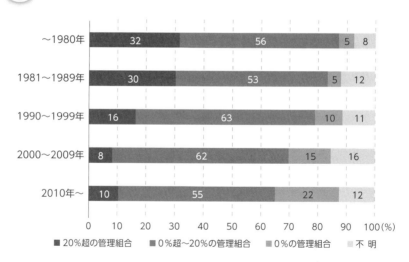

資料：2018年度マンション総合調査（国土交通省）

　具体的対策としては、新築で計画をするのであれば、住宅の設計者に「遮音性」を確保し、「断熱性」を高め、車椅子でも移動可能な「ユニバーサルデザイン」の設計を検討してほしいと依頼するの

はいかがだろうか。建築工事費が高くなるので、お勧めしないという反応があっても、どのくらいの使用期間（回収期間）を想定した設計としているのか更に問うてみよう。新築時に対応しなければできない内容が含まれているからである。

遮音に配慮するためには住宅と住宅の間の床や壁の構造の検討、天井や壁へ断熱材の挿入、重さのある複層ガラスの窓の採用、廊下幅や間口の幅の確保などは建築時にしかできない。また、「見えない質」は入居者が知りたい情報である可能性が高い。「見えない質」を入居者募集のチラシに明記してはいかがだろうか。

「見えない質を極めよう。」は、言い換えると「真剣に居住性能を考えること」でもある。自分自身が住む立場になって考えるべきである。良質な住宅を建てて長く使用することは、貸す側、借りる側の双方に利することになる。

実際の賃貸住宅の入居者募集時の住宅に関する情報には、「見えない質」である「遮音性」、「断熱性」、「ユニバーサルデザイン」などの記載はほぼない。だからこそ、情報発信することで、他の住宅との区別化を図ることができるのである。

すでに、賃貸住宅を運営されている場合は、できるところから着手する。この時、入居者の住み心地の状況を把握してから取り組むとなお良いのではないか。手法は管理会社、設計者または施工事業者に検討依頼するところから始まる。

将来、大規模な改修（リノベーション）や売却する必要があるときにでも、「見えない質」を備えていれば、どのような対応もしやすい。賃貸住宅は住み替えがしやすいため、性能が高い住まいは、大きな武器になるのである。

第6章

2. 1歩前を行く情報収集

■賃貸住宅事業の「社長」として情報を先取り

　賃貸住宅事業運営の舵取りを賃貸住宅オーナー、つまり「社長」（賃貸住宅事業のリーダー）として上手く行うためには、必要な情報を探し出し、直接見て、感じて、自分で考えることである。なぜならば、「社長」が納得して行動しなければ、これから起こるかもしれない様々な事象に対応できないからである。今まで様々なデータを紹介した。ほとんどのデータは、オープンデータであるため、誰でも入手可能であり、パソコンで調査名を入力し検索すれば、最新のデータを確認することができる。

　例えば、2020年7月発表、6月の日銀短観の業況判断を見るとデータの大きな変動に愕然とするであろう（**表6-1**）。ほとんどの業界において最近の業況が3か月前と比較して大幅に減少し、特に宿泊・飲食サービスは90％超減である。大企業ですらこの変動である。この状況で、自分で何ができるのかを考えてみる。すぐに正解は見つからなくても、データから直接刺激を受けて考えることが重要である。これを継続することで世の中の動きを噂ではなく、真実から判断しようとする目が養われ、物事の本質により近づくことができる。変化の状況が掴みやすくなるのだ。

　特に賃貸住宅事業は、賃貸住宅を供給し入居者が家賃を支払うことで循環している。つまり、入居者の生活状況がどう変化するかを把握することがポイントである。そのための情報収集が肝要といえる。

　以下、今まで紹介したデータの一部をまとめて見てみよう。この

表6-1　日銀短観

| | 大　企　業 | | | | | |
| | 2020年3月調査 | | 2020年6月調査 | | | |
	最　近	先行き	最　近	変化幅	先行き	変化幅
製造業	-8	-11	-34	-26	-27	7
繊維	-17	-8	-38	-21	-27	11
木材・木製品	0	-23	-53	-53	-47	6
紙・パルプ	4	4	-33	-37	-12	21
化学	-6	-7	-19	-13	-17	2
石油・石炭製品	-18	-32	-32	-14	-6	26
窯業・土石製品	14	4	-8	-22	-17	-9
鉄鋼	-15	-30	-58	-43	-57	1
非鉄金属	-26	-29	-39	-13	-36	3
食料品	5	3	-8	-13	-9	-1
金属製品	-19	-24	-25	-6	-28	-3
はん用機械	0	0	-26	-26	-28	-2
生産用機械	-11	-15	-37	-26	-29	8
業務用機械	-6	-10	-29	-23	-16	13
電気機械	-3	-2	-28	-25	-18	10
造船・重機等	-29	-28	-46	-17	-54	-8
自動車	-17	-24	-72	-55	-51	21
素材業種	-7	-12	-29	-22	-26	3
加工業種	-8	-11	-35	-27	-28	7
非製造業	8	-1	-17	-25	-14	3
建設	36	16	15	-21	5	-10
不動産	32	19	-12	-44	-2	10
物品賃貸	29	0	7	-22	-3	-10
卸売	-7	-10	-27	-20	-24	3
小売	-7	-9	2	9	-5	-7
運輸・郵便	-7	-11	-43	-36	-23	20
通信	14	-7	8	-6	8	0
情報サービス	45	27	20	-25	2	-18
電気・ガス	3	0	-22	-25	-7	15
対事業所サービス	35	30	8	-27	11	3
対個人サービス	-6	-12	-70	-64	-46	24
宿泊・飲食サービス	-59	-61	-91	-32	-77	14
全産業	0	-6	-26	-26	-21	5

小売を除くすべての産業がマイナス

宿泊・飲食サービス

資料：2020年6月　日銀短観（全国企業短期経済観測調査）（日本銀行）

第6章

20年間でどのように変化し、これから、どのように変化するかの断片がわかる。

　『日本のGDPはこの20年でほとんど増えておらず、生産性（1人当たりの国内総生産）は3位から26位に落ち、20年前から物価はほとんど上がっていない。人口は2015年から2065年にかけて1億2709万人から8800万人まで減少し、65歳以上は27%から38%まで世界最速で増加する。未婚率は男女ともにどの年代も増加、単身世帯の割合が4割になり、世帯数は2030年以降減少していく。独居率は男性の中高年が激増する。世帯の所得は1997年中央値が536万円だったが、2018年は437万円に減少。非正規雇用は雇用者全体の4割を占め、若年層も4人に1人が非正規雇用となっている。相対的貧困率は15.4%、子供の貧困率は13.5%、子供がいる現役世帯で大人1人の貧困率48.1%。これからの居住形態は賃貸住宅でも構わない割合は過去最高の15%。住み替えの実態で賃貸住宅から持家の住み替えの理由は、子育てのしやすさと性能の向上である。賃貸住宅の世帯では約4割が賃貸住宅への住み替えを希望している。東京都の民間賃貸の半数が29㎡以下である。単身の40歳未満の9割以上が賃貸住宅居住』などである。

　以上のことから端的に言うと、収入があまり増えず、単身世帯が増加することなどから、住宅を取得する選択肢から、住宅を借りて住むことへ徐々にシフトしていくのではないか。

　これからの賃貸住宅事業では、社会の変化とともに変化できることが生きる賃貸住宅の道であろう。入居者がその人らしく楽しく暮らせるようサポートするサービス事業が生まれるかもしれない。

3. 賃貸住宅の「社会的役割」とは

■孤独が生まれない賃貸住宅を考える

じつは「見えない質」がもう１つある。それは、「コミュニティのある暮らし」である。なぜならば、高齢化が進むと同時に単身世帯が増加するため、孤独となってしまう可能性が高くなる。そのため、コミュニティが存在し、参加したいときにいつでも参加できる状態が好ましいのではないか。

「病気などの場合に同居家族以外で頼れる人がいる割合」の国際比較をみてみよう。日本は、頼れる友人や近所の人が他の諸外国に比べとても低い（**図6-6**）。また、60歳以上で「親しくしている友人・仲間がどの程度いるか」をみると、男性単身世帯が友人・仲間が少

図6-6 病気などの場合、同居家族以外で頼れる人がいる割合（60歳以上の単身者）

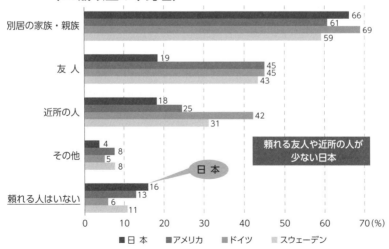

資料：2016年 高齢者の生活と意識 第８回 国際比較調査結果報告書（内閣府）

なく、とくに18％が「友人・仲間がいない」と回答している（**図6-7**）。様々なレポートでも報告されているように、孤独が健康に与えるマイナス面の影響は大きい。

図6-7　親しくしている友人・仲間がどの程度いるか（60歳以上）

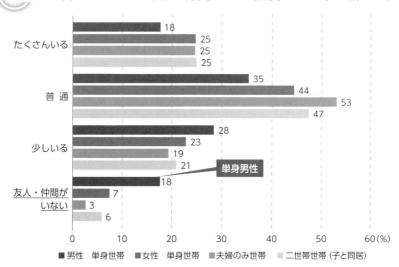

資料：2018年　高齢者の住宅と生活環境に関する調査（内閣府）

　次に「地域に安心して住み続けるために必要なこと」をみると、「近所の人との支え合い」が女性単身世帯は65％と高いのに対し、男性単身世帯は28％と低い。加えて、男性単身世帯は「必要なことは無い」が28％となっており、地域での仲間づくりを断念している人の割合が高い傾向がある（**図6-8**）。

　平日のお昼時に、とある街中のレストランに入ると、女性グループが少し高めのランチコースを注文し、話に花を咲かせている光景がレストラン中に広がっていた。もちろん、男性のグループは1組もいなかった。コミュニティづくりは、女性のほうが男性よりも上手い人が多いようだ。

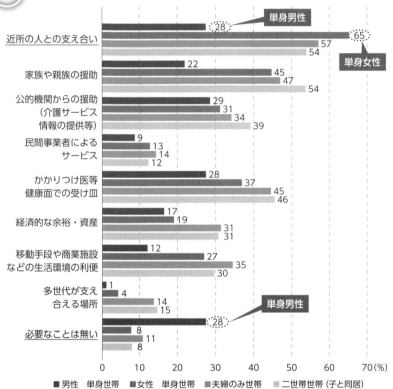

図6-8　地域に安心して住み続けるために必要なこと（60歳以上）

資料：2018年　高齢者の住宅と生活環境に関する調査（内閣府）

　次に「日常生活の中で誰かから頼られることの有無」をみると、頼られることが「ない」のは男性単身世帯で73％、女性単身世帯で54％となっている（**図6-9**）。60歳以上の男性で4人に3人、女性は2人に1人は誰にも頼られない状況であり、孤立する可能性が高いのである。

第6章

　英国では世界初の「孤独担当大臣」（Minister for Loneliness）というポストを置き、孤立することは「社会問題」と位置づけ具体的な対策を実施している。例えば、「男の小屋」（Men's Sheds）プロジェクトは、男性がDIY工房に参加し、大工仕事で地域に貢献する仕組みである。希望する男性が週に何回か参加し、作業した分、賃金も支払われる。コミュニティもでき、孤立、孤独をなくす。英国では約600か所で「男の小屋」プロジェクトが展開されている。

　日本では、加速的に孤立する単身世帯が増える現状、未来をふまえ、前向きで誰もが気軽に参加できるコミュニティを、賃貸住宅を拠点として画策するのも、地域社会貢献の一環としてよいのではないだろうか。

図6-9　日常生活の中で誰かから頼られることの有無（60歳以上）

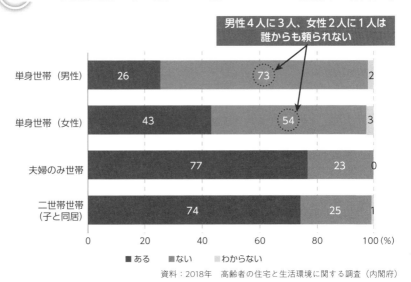

男性4人に3人、女性2人に1人は誰からも頼られない

単身世帯（男性）　26　73　2
単身世帯（女性）　43　54　3
夫婦のみ世帯　77　23　0
二世帯世帯（子と同居）　74　25　1

■ある　■ない　■わからない

資料：2018年　高齢者の住宅と生活環境に関する調査（内閣府）

　人生は、何が起こるかわからない。明日、病気で倒れるかもしれない。失業するかもしれない。けがをして車椅子生活になるかもしれない。シングルマザーやファーザーになるかもしれない。1人で生活ができなくなるかもしれない。孤独で耐えられない生活になるかもしれない。外国人が入居できる住まい、子育てをサポートできる住まい、ご近所つきあいをしたかったらできる住まい。ちょっとおせっかいな管理人がいる賃貸住宅で何人かの人の生活が前向きになるかもしれない。複雑化する社会で、それらのいろいろな事情を少しでも賃貸住宅で解決できたら嬉しいではないか。「社会的課題」を解決するというと大げさだが、様々な状況の人が入居しやすい住宅を供給することは、賃貸住宅ならば比較的気軽にできるのではないだろうか。

4. 賃貸住宅マーケットで、今、これから起きることを考える

■住宅の多機能化

　新型コロナウイルスの感染症拡大の対策で、リモート勤務が一般的になった。今まで、毎日通勤していた人が自宅で仕事するようになり、家族と長く時間を過ごす状態であり、オンとオフの切り替えが難しくなっている方も多いのではないだろうか。これは、自宅が賃貸住宅でも持家でも同様の課題である。

　賃貸住宅は、賃貸住宅のオーナーが動けば分譲マンションよりも素早く対応できる。長期的に考えれば、今回のコロナ禍のようなウイルスとの「共存生活」にも的確に対応できるように、住宅を多機能化することは投資費用はかかるが、入居者に対して、大きなPRポイントになる。

　例えば、住宅内に事務所機能として使えるよう防音スペースの設置、玄関で手洗い・うがいができる洗面機能、玄関からお風呂に直接行ける動線の確保などである。共用部分には、電話やリモート会議などができる業務スペース、在宅でも仕事に集中できるよう保育園機能、息抜きができるちょっとした屋外スペースの設置、共用玄関の自動ドア化、運動不足解消のジムスペースなどの設置などがあげられる。また、活動範囲が狭くなるため、入居者間のネットワークをつくるよい機会になるかもしれない。

■分譲住宅でも賃貸住宅でもない住宅の出現

　築年数の古い分譲マンションで、建物全体の管理が問題になっているときく。入居者の高齢化、管理費の未納、管理組合で大機規模修繕などの決議ができないなどが起きている。これらの中には区分

所有者が管理組合を作ってマンション全体を管理する仕組みにより問題を解決しづらくしている面もある。その点、賃貸住宅はオーナーが適切な管理をしていれば、建物が維持できないことはない。しかし、管理のプロではないオーナーが適切に管理し続けることは、様々な場面を想定してみると難しい面がある。また、入居者からみると、ある程度の規模があり、内装のデザインを自由にできる分譲マンションに住みたいと思うのは当然の心理である。

　日本の所有形態とは異なる英国の仕組みを紹介したい。英国（イングランド）では住宅全体と土地を持つ「フリーホールド」と言う権利があり、その所有者（フリーホールダー）から99年などの期限がある住宅の利用権のような「リースホールド」を購入することにより、住宅を入手する。この「リースホールド」の権利は売買も賃借することもできる。つまりこれにより建物全体の管理が1法人の意向で対応できるため、適切な時期に適切な管理ができる。この

図6-10　フリーホールドとリースホールド

■フリーホールド
　一般に完全不動産所有権と訳され、コモン・ローの下で特定の人物や組織によって何代にもわたり所有されていた土地（不動産）で、**最も完璧な形の不動産の所有形態**。所有に関する期限は定まっていない。

■リースホールド
　リースホールドは**99年などの期限をつけた形の所有形態**。土地や建物などのフリーホールドを持つフリーホールダー（所有者）が土地や建物の一部を期間を限定した上でその権利を売買したり、与えること。

分譲マンションの事例
開発事業者が土地のフリーホールドを取得。マンションを建設し個々の住宅をリースホールドで分譲。ただし、建物全体のフリーホールドは開発事業者が維持し、建物全体の管理を行う。

資料：2018年度　住宅改良開発公社調査研究報告書『英国の公営住宅の歴史と政策に関する調査研究』漆原　弘著

ため、区分所有法のような問題は起きない。また、自由な間取りが楽しめ、資産形成という側面からも補完される（**図6-10**）。

分譲住宅の価格の上昇や、賃貸住宅には満足できない入居者のために、賃貸でも分譲でもない住宅が誕生するのではないだろうか。また、空き家を借り上げてまた貸しするスキーム、旅行目的で借りることができるスキーム、短い期間の賃貸住宅もありだろう。これからは、持家か賃貸住宅のどちらかという二択の議論はなくなっていくだろう。

■住戸の可変を可能にする建物づくり

住宅のストックをみると、賃貸住宅は30㎡未満のものが多く、戸建て賃貸はほとんどなく、60〜80㎡といった規模の住宅は供給されていない。少数だが分譲住宅が賃貸住宅化した賃貸住宅がある程度である。

また、新規供給される賃貸住宅も30㎡未満のものが多い。つまり、単身向けの住宅は多数供給されているが、家族向けの住宅が少ない状態は改善されていない。

30㎡の単身用の賃貸住宅を2戸つなげて60㎡の住戸へ、3戸つなげて90㎡にするような方法も検討してもよいのではないだろうか。そのために、最初から可変を前提とした設計をする。世の中は、何が起きるか分からない。臨機応変に対応し生き残るためにも、改築することを想定した住宅を計画してはいかがだろうか。

また、仮に住宅の設備がリース可能になれば住戸数を改築で減らすときには、お風呂もトイレもキッチンも給湯設備も返却できる。賃貸住宅の入居者も、設備を選択できる自由が生まれるだろう。

これからは、できる限り住宅を建て替えず、上手く使い続けることが一般的になる。なぜならば、可変対応できるようになれば、長

期間にわたり住宅を活用することができ、建設工事費などのコストの回収も容易になるからである。

■入居者のための地域とつながるネットワーク構築

　入居者の給与水準が上がらず、単身世帯が増え、孤立化、超高齢化すると、今までの地域社会とは縁のない生活から、地域とともに暮らすスタイルにシフトしていくのではないだろうか。

　住宅の近所にある福祉サービスや行政との連携が欠かせなくなる。地域の情報を地元の住民である賃貸住宅オーナーが、入居者の暮らしに役立つ情報を選択して提供する。オーナーと入居者とのコミュニティが生まれる機会にもしたい。分譲マンションと異なり、賃貸住宅であれば賃貸住宅のオーナーが、行政の福祉と入居者、他の入居者との接点をつくれるかもしれない。

　各住戸にタブレットなどを配布し、情報の入口をつくり、入居者が参加する地域ネットワークが生まれるのではないか。例えば、「美味しいケーキなら、○▲ベーカリーがお薦め」、「子供の歯医者なら■□クリニックが良い」などの地元の情報提供や、「何かお困りごとがあれば、チャットしてください。調べてお答えします。」などコンシェルジュ機能のあるチャットができると地域での生活を楽しめるのではないか。また、地域のコミュニティコーディネーターという仕事にもなるかもしれない。賃貸住宅の入居者のための多角的なサービスを考えると様々な可能性が出てくる。

　アフターコロナ、ウィズコロナの時代は地域とのつながりの構築が求められるだろう。なぜならば、遠くの家族や友人ではない「ご近所さん」の存在が大きくなってくるからである。

第6章

5. 賃貸住宅事業は自分で考え、納得してから実行する

■「社長」として決断する

　賃貸住宅事業は、何千万円から何億円も投資し、30年以上の長期事業である。賃貸住宅を建ててからが始まり、本稼働である。賃貸住宅のオーナーは、ほとんどが個人である（**図6-11**）。法人の中にも家族で設立した資産の管理法人も多数、含まれているだろう。かなり大規模の賃貸住宅も個人のオーナーである。

図6-11　賃貸マンションの所有形態（東京都）

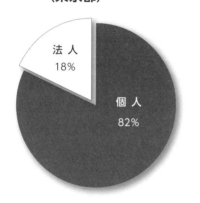

法　人
18%

個　人
82%

資料:2013年　マンション実態調査結果（東京都都市整備局）

　オーナーは、賃貸住宅事業のリーダーとなる「社長」である。事業のためのチームを設計者、施工会社、管理会社、仲介事業者などで構成する、そのチームのリーダーはもちろんオーナーである。「社会とともに生きる賃貸住宅」とするため、どのような賃貸住宅にしたいのかのイメージを持ちチームで共有化して行動することが大切なのではないか。

　次のステップで取り組んでみる。

1．なぜ「賃貸住宅事業をしたい」のか。

　目的を明確にする。土地の有効活用、事業継承、相続税対策、資

産運用などがあるため、優先する事項を決める。

２．どのような「賃貸住宅を建て、運営したい」か。

どんな入居者に住んでほしいかをイメージする。人口減少や世帯
数の減少の状況を考慮すると、特長のある賃貸住宅であることが重
要なポイントである。

３．自分が「イメージした賃貸住宅事例の情報収集」をする。

インターネット（一般財団法人住宅改良開発公社のオーナー向け
賃貸住宅経営情報誌「ハーモニー」など）や、出版されている賃貸
住宅の事例集、建設した事例も複数みておきたい。

４．「事業のためのチームづくり」をする。

設計者、施工会社、管理会社、仲介事業者などで、意見交換がで
きるメンバーを集める。ただし、あくまでも、賃貸住宅オーナーが
リーダーであり、「社長」であることを押えておきたい。

５．提案内容を「入居者の目と賃貸住宅オーナーの目」で検証する。

とにかく、収入が支出を超えなければならない。自分で収支計画
を計算してみよう。単純であるがとても、重要である。また、家賃
を支払う側の気持ちになり、自分なら、または自分の子供達が計画
した住宅を選択するかどうか考えてみてはいかがか。

これらすべての内容に納得してから、事業を実行する。納得する
まで、チームのメンバーを質問責めにするぐらいが良いのではない
か。社会とともに生きる・生き残る賃貸住宅を実現するためには
「社長」としての決断がとても重要である。

第6章

6. すべての関係者を
幸せにするための賃貸住宅

■「健康」2位、「教育」7位、「社会資本」132位

　日本の「豊かさ」は、世界でどの程度であろうか。

　この本の英語の題名は、オーナー、入居者、賃貸住宅の設計者、施工者、管理運営者、入居者へのサービス提供者、建設された地域のご近所さんなど、賃貸住宅に関係するすべての人々が繁栄し、ゆるやかなハーモニーが生まれ、幸せになることの願いを込めてつけたものである。

　ここで、日本の「豊かさ」を「レガタム繁栄指数」で確認してみたい。

　「レガタム繁栄指数」とは、イギリスのシンクタンク、レガタム研究所（Legatum Institute）が発表している12の分野、治安と安全、個人の自由、政治、社会資本、投資環境、起業のしやすさ、市場へのアクセスとインフラ、経済的な質、住環境、健康、教育、自然環境について、世界167か国を評価し、世界で最も繁栄している国はどこかをランク付けしたものである。

　「2019年レガタム繁栄指数のランキング」をみると、1位はデンマーク、2位はノルウェー、3位スイス、4位スウェーデン、5位フィンランド、そして日本は19位となっている（**表6-2**）。

　日本の各分野のランキングみると、「健康」は2位、「教育」は7位ととても高いランクにある。その中で「社会資本」が132位とかなり低くランクされており、かつ10年前のランキングより44位も下がっている。全体のスコアバランスをみても、「社会資本」が突出して低いことがわかる（**図6-12**）。

　「社会資本」が低い評価の要因をみると、社会的活動のネットワー

クへの参加、知らない人への支援、他の家庭への援助、友人をつくる機会、慈善団体への寄付、ボランティア活動が他国と比較して低いことがわかる。これらの状況は、寛容性が低いのではなく、社会的活動をする機会に接することが少ないからではないだろうか。

19位という結果をネガティブに捉える必要はなく、これらの弱点を改善していけば、より繁栄する社会、生活しやすい社会に変化できるのである。

表6-2　レガタム繁栄指数ランキング

RANK	COUNTRY		治安と安全	個人の自由	政治	社会資本	投資環境	起業のしやすさ	市場へのアクセスとインフラ	経済的な質	住環境	健康	教育	自然環境
1	デンマーク	+	5	2	3	2	6	7	8	8	1	8	3	10
2	ノルウェー	+	2	1	1	1	2	9	15	12	7	5	11	7
3	スイス	+	1	12	7	8	13	3	7	2	4	3	12	5
4	スウェーデン	+	11	4	6	9	10	13	5	4	3	15	17	1
5	フィンランド	+	17	3	2	4	7	18	10	21	6	26	6	2
6	オランダ	+	12	5	4	6	8	8	4	6	2	9	8	54
7	ニュージーランド	+	13	10	5	7	3	14	21	19	26	22	10	6
8	ドイツ	+	21	13	9	13	15	4	11	5	5	12	21	17
9	ルクセンブルク	+	3	8	8	21	22	16	2	7	9	19	33	9
10	アイスランド	+	6	6	13	3	25	30	12	16	20	7	13	8
11	イギリス	+	16	15	11	14	4	6	9	15	8	23	15	24
12	アイルランド	+	14	9	12	12	23	10	23	3	12	20	16	14
13	オーストリア	+	9	17	15	11	12	19	17	22	13	10	22	3
14	カナダ	+	18	7	10	10	14	15	19	38	16	25	5	15
15	香港	+	4	41	16	28	5	1	3	9	14	6	4	28
16	シンガポール	+	7	95	25	18	1	5	1	1	10	1	1	91
17	オーストラリア	+	26	14	12	15	9	21	29	31	21	18	9	19
18	アメリカ	+	58	22	21	16	8	2	6	17	29	59	14	25
19	日本	+	10	31	18	**132**	17	11	13	26	19	2	7	23
20	マルタ	+	19	18	23	17	33	22	33	14	11	14	35	41

資料：2019年　レガタム繁栄指数（レガタム研究所）

第6章

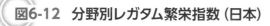

図6-12　分野別レガタム繁栄指数（日本）

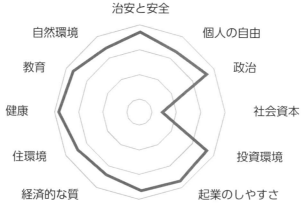

資料：2019年　レガタム繁栄指数（レガタム研究所）

　賃貸住宅が生活の基盤になっていることを活用して、賃貸住宅のオーナーまたはその仲間の一員として、いろいろな機会が増えることを仕掛けてみてはいかがだろうか。入居者同志やオーナーがつながる、地域の人と話す、友達を家に招く、趣味仲間をみつける、学べる、仕事ができる、子育てができるなど、あげればきりがないほど様々な機会がある。

　賃貸住宅だからこそ、いろいろなことができる。「賃貸は自由だ！」なのである。

　入居者に限らず、関係者すべてを幸せにすることこそ、賃貸住宅マーケットが繁栄し続け、社会と調和して生きる道だと確信している。その道をつくるのは、自分で考え、実行する「あなた」である。

付 録

これから始まる
「あしたの賃貸プロジェクト」

これから始まる「あしたの賃貸プロジェクト」

　このプロジェクトは、賃貸住宅で住む人がその人らしく暮らせる住まいを具現化できるよう、住まう人、住宅を所有する人、住宅を運営する人との連携をサポートすることを目的とするプロジェクトである。

　もうすでに、一戸建て住宅を建てるのが、最後のゴールという「住宅すごろく」の時代ではない。暮らしを住宅に合わせるのではなく、「住宅を暮らしに合わせる」時代に向かっている。

　住宅は「持つ」から、「使用する」「借りる」「共有する」するものに変化してきている。時代は賃貸住宅の可能性が広がる方向に、確実に進んでいるようだ。そのなかで、住まう人はさまざまな思いを抱いている。

　　家で仕事をしたい。
　　ほっとできるコミュニティのある住まいに住みたい。
　　家族が増えても減っても慣れた家に住み続けたい。

賃貸住宅のオーナーも悩んでいるようだ。

　　外国人の入居者が増えそうなときはどう対応したらよいかわからない。
　　高齢者の方に住宅を貸すためにはどんな工夫をしたらよいか。
　　社会貢献できるような賃貸住宅を建てたいが、どうしたらよいか分からない。

それらの思いを解決するためには、まず課題に一歩踏み込んだ事例を知ることである。

　いま実在するさまざまな課題に取り組んだ賃貸住宅のケースを知ることから、具体的な一歩を始めたい。

　我々はただ事例を紹介するだけでなく、課題の本質を理解し、ビジネスモデルとして深掘りし、情報を共有化して一歩進めていくのをサポートしていきたい。

あしたの賃貸
プロジェクト

「家」って、暮らしを入れる箱の最小単位だ。朝のあいさつ、玄関先のおしゃべり、ほっとする居場所、迷惑の掛け合い、助け合い…。

家と、その周辺に流れるさりげない日常が、世の中から「住みにくい」を減らす。そんな希望に満ちた、賃貸住宅を考えよう。

　このプロジェクトは「賃貸の可能性を探る」ものとなるだろう。

　そして、今日より先、これからの、今からの賃貸を考えるとき、その焦点を遠くに置くのではなく、極めて近い未来にすることが、実現へ向けての決意となるのではないだろうか。「あした」にはそんな意味を持たせている。

（資料：一般財団法人住宅改良開発公社）

＜参考文献＞

＊本文掲載順

第1章

国民経済計算年次推計（2018年度、内閣府）

世界の統計2020（2020年、総務省統計局）

毎月勤労統計調査（1998年、厚生労働省）

毎月勤労統計調査（2019年、厚生労働省）

消費者物価指数（2019年、総務省統計局）

消費動向調査（2020年4月、内閣府）

景気動向指数（2020年7月分速報、内閣府）

景気ウォッチャー調査（2020年6月、内閣府）

日銀短観（全国企業短期経済観測調査）(2020年6月、日本銀行)

国債等関係諸資料（2019年、財務省）

マネタリーベース（2020年4月、日本銀行）

マネーストック速報（2020年4月、日本銀行）

第2章

日本の将来推計人口（2017年、国立社会保障・人口問題研究所）

簡易生命表（厚生労働省）

人口動態統計（2019年、厚生労働省）

人口動態統計（2018年、厚生労働省）

国民生活基礎調査（2019年6月、厚生労働省）

日本の世帯数の将来推計（全国推計）（2018年、国立社会保障・人口問
題研究所）

国勢調査（2015年、総務省）

人口動態統計（2019年月報年計（概数）、厚生労働省）

在留外国人数について（速報値）(2019年6月、出入国在留管理庁)

一般職業紹介状況（職業安定業務統計）(2020年5月、厚生労働省)

労働力調査（基本集計）(2020年、総務省)

民間給与実態統計調査（2018年、国税庁）

就業構造基本調査（2017年、総務省）

世界ジェンダー・ギャップ指数（2019年12月、世界経済フォーラム）

家計調査（収支編）(2019年、総務省)

家計調査（貯蓄・負債編）(2019年、総務省)

国民生活基礎調査（2018年、厚生労働省）

全国ひとり親世帯等調査（2016年、厚生労働省）

第4章

土地問題に関する国民の意識調査（2019年度、国土交通省）

住宅市場動向調査（2019年度、国土交通省）

出生動向基本調査（結婚と出産に関する全国調査）(2015年、国立社会保障・人口問題研究所)

住生活総合調査（2018年、国土交通省）

消費者白書（2017年、消費者庁）

企業等における仕事と生活の調和に関する調査研究(2018年度、内閣府)

生活と支え合いに関する調査（2017年、国立社会保障・人口問題研究所）

防災に関する世論調査（2018年1月、内閣府）

基準地震動予測地図（2019年、国立研究法人防災科学技術研究所ハザードステーション）

第5章

住宅・土地統計調査（2018年、総務省）

住宅経済データ集（2019年度、国土交通省）

English Housing Survey Data on Stock（2017年、英国政府）

消費動向調査（2020年3月、内閣府）

住宅・土地統計調査（2013年、総務省）

建築着工統計調査（2019年度、国土交通省）

第6章

住生活総合調査（2018年、国土交通省）

住宅・土地統計調査（2018年、総務省）

住宅・土地統計調査（2013年、総務省）

マンション総合調査（2018年度、国土交通省）

第8回高齢者の生活と意識に関する国際比較調査（2015年、内閣府）

高齢者の住宅と生活環境に関する調査（2018年度、内閣府）

マンション実態調査（2013年、東京都都市整備局）

日銀短観（全国企業短期経済観測調査）(2020年6月、日本銀行)

レガタム繁栄指数（2019年、レガタム研究所）

＜著者略歴＞

松本　眞理（まつもと　まり）

千葉大学工学部建築学科卒、法政大学大学院経営学専攻修士課程修了。
住宅金融支援機構で主に賃貸住宅融資部門を担当。
2018年より、一般財団法人HIM研究所業務部長。
一級建築士、経営学修士、カラーコーディネーター一級。

社会とともに生きる賃貸住宅

200の図表でみる住まいと暮らし

令和2年12月1日　第1刷発行

　著　　松本　眞理

発　行　株式会社ぎょうせい

〒136-8575　東京都江東区新木場1-18-11
URL：https://gyosei.jp

フリーコール　0120-953-431
ぎょうせい　お問い合わせ　検索　https://gyosei.jp/inquiry/

〈検印省略〉

印刷　ぎょうせいデジタル株式会社　　　　　　　©2020　Printed in Japan
※乱丁・落丁本はお取り替えいたします。
ISBN978-4-324-80106-2
(5598354-00-000)
〔略号：生きる賃貸〕